AF499110

L*** 1876. Décembre - 19

CATALOGUE

DES

LIVRES RARES ET CURIEUX

COMPOSANT

LE CABINET DE M. L***

MEMBRE DE LA SOCIÉTÉ DES ANCIENS TEXTES FRANÇAIS

DONT LA VENTE AURA LIEU

Le mardi 19 et mercredi 20 décembre 1876
à deux heures précises

Hôtel des Commissaires-Priseurs, rue Drouot

Salle n° 3

Par le ministère de Me MAURICE DELESTRE, commissaire-priseur
Successeur de Me DELBERGUE-CORMONT
Rue Drouot, 27.

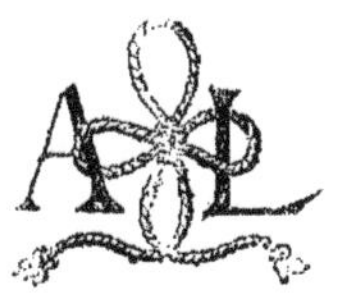

PARIS
ADOLPHE LABITTE
LIBRAIRE DE LA BIBLIOTHÈQUE NATIONALE
4, rue de Lille, 4

1876

ORDRE DES VACATIONS.

PREMIÈRE VACATION. — *Mardi 19 décembre 1876.*

N°s 1 à 215

DEUXIÈME VACATION. — *Mercredi 20 décembre.*

368 à 411

216 à 367.

CONDITIONS DE LA VENTE.

La vente est faite expressément au comptant.

Les acquéreurs payeront cinq centimes par franc, en sus des enchères, applicables aux frais.

Il y aura exposition des livres de chaque vacation une heure avant la vente.

Les livres vendus doivent être collationnés sur place dans les vingt-quatre heures de l'adjudication. Passé ce délai, ou une fois sortis de la salle de vente, ils ne seront repris pour aucune cause.

Le libraire chargé de la vente remplira les commissions des personnes qui ne pourraient y assister.

Paris. — Typographie Georges Chamerot, rue des Saints-Pères, 19.

CATALOGUE

DES

LIVRES RARES ET CURIEUX

COMPOSANT

LE CABINET DE M. L***.

MEMBRE DE LA SOCIÉTÉ DES ANCIENS TEXTES FRANÇAIS

PREMIÈRE PARTIE.

THÉOLOGIE.

1. Biblia hebraïca (cum punctis). Pet. in-8, bas.

2. L'Histoire du Vieux et du Nouveau Testament avec des explications édifiantes tirées des SS. Pères, par le sieur de Royaumont, prieur de Sombreval, édition nouvelle enrichie de figures. *Suivant la copie imprimée à Paris chez Pierre Le Petit*, 1680, in-12, gravures à mi-page, demi-rel. maroq. viol. avec coins, tr. dor.

3. QUADRINS HISTORIQUES de la Bible. *Lion, Jean de Tournes*, 1558, pet. in-8, v. f.

Figures du Petit Bernard. Exemplaire court de marges.

4. Le Nouveau Testament, c'est-à-dire la Nouvelle Alliance de Notre-Seigneur Jésus-Christ. *A la Haye, chez Jean et Daniel Stencker*, 1664, in-12, texte microscop. à deux col. avec musique notée,

parch. vert, plats ornés à petits fers, tr. dor. ciselée et à mosaïque. (*Reliure hollandaise.*)

5. Figures de la passion de Notre-Seigneur Jésus-Christ, accompagnées de réflexions propres à donner l'intelligence de ce mystère. *Se vend à Paris, chez Cheveau,* in-8, v. antiq.

Figures de SÉBASTIEN LECLERC.

6. Passio, Resurrectio atque in cœlos Ascensio D. N. J. C., inventa à J. Sandrart, neo-cælatis iconibus expressa a C. Weigel. 1693, in-12, mar. bl. tr. dor. (*Thompson.*)

7. Corn. Curtii de Clavis Dominicis liber. *Antuerpiæ,* 1634, in-12, figures, demi-rel. mar. bl.

8. P. Biverus. Sacrum Oratorium piarum imaginum Immaculatæ Mariæ. *Antuerpiæ, Plantin,* 1634, in-4, figures, mar. bl. tr. dor.

9. Les Heures du chrestien divisées en trois journées qui sont la journée de la pénitence, la journée de la grâce et la journée de la gloire, le tout fidèlement traduit en vers et en prose par le sieur Magnon. *A Paris, chez Sébastien Martin,* 1654, in-8, maroq. rouge, dos orné, comp. à la du Seuil, tr. dor. (*Anc. reliure.*)

10. Lactantis Firmiani Institutionum divinarum libri. *Antuerpiæ*, 1570, pet. in-8, v. ant. fil.

11. La Naissance, la Chute, la Réparation et le Salut de l'homme. *Paris, chez Mariette, s. d.,* in-4, 12 planches y compris le titre gravé, demi-rel. mar.

12. Le Tombeau des plaisirs du monde, par le sieur de la Serre. *A Brusselles,* 1630, in-8, demi-rel.

Titre gravé et figures de Corn. Galle.

13. Catéchisme des gens mariés (le P. Féline). *S. l. n. d.* (*Caen, vers* 1782), in-12, demi-rel. veau fauve, tr. dor. éb. (*Petit-Simier.*)

Ce petit livre, imprimé à Caen chez Le Roy, fut censuré par les supérieurs du P. Féline, et soigneusement supprimé. Rare.

14. Opus Joannis eremitæ qui et Cassianus dicitur de institutis cœnobiorum origine. *Lugduni, apud Jac. Giunta*, 1542, pet. in-8, goth. demi-rel.

15. Delineatio historica fratrum minorum provinciæ Germaniæ inferioris. *Antuerpiæ, Plantin*, 1635, in-fol. demi-rel. figures.

16. Blommaert. Les Hermites de la Palestine et de l'Egypte. *Anvers*, 1619, in-4, mar. v. large dentelle, tr. dor.

Cinquante planches gravées par Boetius de Bolswert, en deux séries. Texte hollandais.

17. Le Profetie dell' abbate Gioachino, intorno alle vite de' sommi Pontefici. 1585, in-8, fig. vélin.

Exemplaire d'Arthur Dinaux.

18. Mémoires pour servir à l'histoire de la fête des fous qui se faisait autrefois dans plusieurs églises, par M. du Tilliot. *A Lausanne et à Genève*, 1751, in-12, demi-rel. maroq. brun, dos orné.

19. Explication des cérémonies de la Fête-Dieu d'Aix en Provence (par Gaspard Grégoire). *A Aix, chez Esprit David*, 1775, pet. in-8, figure, demi-rel. maroq. bleu, dos orné, tête dor. n. rog. (*Niedrée.*)

20. Les Enluminures du fameux almanach des PP. Jésuites intitulé: la Déroute et la Confusion des Jansénistes, ou Triomphe de Molina Jésuite sur saint Augustin avec l'Onguent pour la brûlure, etc. *A Liége, par Jacques le Noir*, 1683, in-12, parch.

Les Enluminures, etc., sont de Lemaistre de Sacy; l'Onguent, de Barbier d'Aucourt.

21. La Clef du sanctuaire, par un savant de notre siècle (ouvrage traduit du latin de Spinoza par le chevalier de Saint-Glain). *Leyde, Pierre Warnaer*, 1678, pet. in-12, v. fauve antiq.

Exemplaire avec les trois titres.

22. État de l'homme dans le péché originel (traduit librement du latin de Beverland). *Imprimé dans le monde*, 1714, in-12, br. n. rog.

Cette édition contient des changements et surtout des additions et des réflexions nouvelles.

23. État de l'homme dans le péché originel, où l'on fait voir quelle est la source et quelles sont les causes et les suites de ce péché dans le monde (traduit librement du latin de Beverland). *Imprimé dans le monde* (*Hollande*), 1714, in-12, maroq. rouge, fil. rosace mosaïque sur les plats, tr. dor. (*Reliure ancienne.*)

24. Hadr. Beverlandi de fornicatione cavenda Admonitio. *Justa exemplar Londinense*, petit in-8, v. antiq. marbr.

25. Evangelium Medici, seu Medicina Mystica, sive de Miraculis, à Bernardo Connor. *Londini*, 1697, in-12, mar. n. fil. tr. dor.

SCIENCES ET ARTS.

26. Manuel d'Épictète et Tableau de Cébès, traduits du grec. *Paris, chez Leboucher* (*an IV de la République*), 2 vol. in-16, maroq. rouge doublé de moire, tr. dor.

Exemplaire sur papier bleu, ayant appartenu à MM. Chardin et C. Pieters.

27. Ciceronis de Amicitiâ et Cato major. *Lutetiæ, Barbou*, 1758-71, 2 vol. in-16, mar. r. fil. tr. dor. portr.

Éditions en petits caractères, texte encadré. Les portraits sont de Ficquet.

28. Laurentius Valla. De Voluptate et Vero Bono. 1512, in-4, gothique, bas.

29. Maximes et Réflexions morales du duc de la Rochefoucauld. *Paris, de l'impr. de P. Didot l'aîné*, 1796, in-12, papier vélin, portrait d'après Petitot avant la lettre, gravé par Gaucher, mar. citron, dent. tr. dor. (*Simier.*)

30. Les Abus dans les cérémonies et dans les mœurs, développés par M. L*** (par l'abbé Dulaurens). *A Genève, Pellet* (*Hollande*), 1786, pet. in-8, maroq. bleu, dent. int. tr. dor. (*H. Duru.*)

Bel exemplaire avec témoins, aux armes du MARQUIS DE COISLIN ; cachet dans le bas du titre.

31. Nic. Machiavelli Florentini Princeps. *Lugduni Batavorum, ex officina Hieronymi de Vogel*, 1648, in-12, titre front. gravé, vél.

32. Robespierre. Discours couronné par la Société royale des arts et des sciences de Metz sur les questions proposées en 1784. *Amsterdam, et se trouve à Paris, chez Mérigot*, 1785, in-8, demi-rel. mar. vert, dos orné, fil. n. rog.

Sur l'opinion qui étend sur tous les individus d'une même famille la honte des peines infamantes infligées au coupable, etc.

33. Robespierre. Plaidoyer pour le sieur de Vissery de Boisvale, appelant d'un jugement des échevins de Saint-Omer qui avait ordonné la destruction d'un paratonnerre élevé sur sa maison. 1783, in-8, demi-rel. maroq. non rogné.

---

34. Plinii secundi Opera. *Glasguæ*, 1751, 3 vol. in-12, maroq. vert. tr. dor. (*Anc. rel.*)

35. Élémens de botanique, ou Méthode pour connaître les plantes, par M. Pitton Tournefort. *Paris, de l'Imprimerie royale*, 1694, 1 vol. de texte et 2 vol. de planches, ens. 3 vol. figures noires, maroq. vert, dos orné, dent. sur les plats, tr. dor.

36. Le Grand Calendrier et Compost des bergers. *Troyes, Oudot, s. d.*, in-4, figures sur bois, cart.

37. Le Jardinier françois qui enseigne à cultiver les arbres et herbes potagères. *Amsterdam, J. Blaeu*, 1654, pet. in-12, fig. parch.

Bel exemplaire d'un des elzévirs les plus rares. Haut. : 133 mill. L'exemplaire de Pieters n'avait que 128 millim.

38. Traité de l'origine des macreuses, par feu M. de Graindorge, docteur, et mis en lumière par M. Thomas Malouin, docteur de la faculté de médecine en l'université de Caen. — Traité de l'adianton ou cheveu de Vénus. *Paris, chez Saugrain et Lamy*, 1780, in-12, v. rac. dent. tr. dor.

---

39. Anatomie vniverselle dv corps humain, composée par Ambr. Paré. *Paris, de l'imprimerie de Jehan le Royer*, 1561, pet. in-8, marbr. fil. tr. dor. (*Petit.*)

40. Sev. Pinæus. De virginitatis Notis. *Amstelædami*, 1663, in-12, figures, maroq. tr. dor.

41. Observations sur la stérilité, perte de fruit, fécondité, accouchement et maladies des femmes et enfants nouveau-nés, par Louise Bourgeois dite Boursier. *Paris*, 1652, 4 parties en 1 vol. in-8, demi rel.

Ouvrage recherché à cause d'une curieuse relation de la naissance de Louis XIII et des autres enfants d'Henri IV.
Exemplaire ayant le titre refait à la plume.

42. La Philosophie des vapeurs, ou Correspondance d'une jolie femme et Traité des crises magnétiques, à l'usage des dames. *A Paphos et se trouve à Paris*, 1784, in-16, v. antiq. fil. tr. dor.

A la fin se trouve : le Souper de Ninon, avec portrait.

43. Millot. L'Art de procréer les sexes à volonté, ou Histoire physique de la génération humaine, complété par la nouvelle découverte de six obstacles à la génération, avec les procédés pour les

surmonter et une explication plus détaillée du mode de fécondation (par Millot). *Paris, Migneret, s. d.*, in-8, fig. mar. vert, dos orné, fil. dent. int. tr. dor. (*Behrends.*)

44. Traité des eunuques, dans lequel on explique toutes les différentes sortes d'eunuques, quel rang ils ont tenu et quel cas on en a fait, par M. D***. Imprimé l'an 1707, in-12, demi-rel. maroq. vert avec coins jans. tête dor. n. rog. (*L. Smeers.*)

---

45. Apologie pour tous les grands hommes qui ont esté accusez de magie, par M. Navdé. *A Paris, chez Fr. Eschart,* 1669, pet. in-12, maroq. rouge avec coins, jans. tr. peign.

46. La Toyson Dor ov la flevr des thresors, en laqvelle est svccinctement et méthodiquement traicté de la pierre des philosophes, de son excellence, effects et vertu admirable, &c., traduit d'allemand en françoys. *A Paris, chez Ch. Sevestre,* 1612, in-8, figures sur bois coloriées, parch.

47. Pneumalogie, ou discours des esprits en tant qu'il est de besoing pour entendre et resouldre la matière difficile des sorciers, comprinse en la sentence contre eux donée en Avignon l'an de grâce 1582. Faict et composé par le R. P. F. Sebastien Michaelis, docteur en théologie. *A Paris, chez Guillaume Bichon,* 1587, in-8, v. fauve, fil. dent. int. tr. dor. (*Petit, succ. de Simier.*)

48. Recueil de pièces sur la magie, les possessions et les maléfices. 1620-1741, 22 pièces en 1 vol. in-4, demi-rel.

La plupart de ces pièces sont rares et curieuses. — Monstrœil. Dæmones. — Factums pour Urbain Grandier. — De l'Angle, maléfices des religieuses de Louviers. — Affaire de Madeleine Bavent. — Histoire tragique de trois magiciens, etc., etc.

49. Dissertations sur les maléfices et les sorciers selon les principes de la théologie et de la physique (par de Valmont). *A Tourcoing,* 1752, in-12, demi-rel. maroq. rouge avec coins, fil. tr. peign. (*Petit, succ. de Simier.*)

---

50. Dictionnaire des graveurs anciens et modernes depuis l'origine de la gravure, par F. Basan. *Paris,* 1789, 2 vol. in-8, gravures, demi-rel. v. antiq. n. rog.

51. P. Rollos. Vita Corneliana emblematibus in æs artificiose incusa, novo varietatum genere pulchre distincta, et in favorem studiosorum sempiternum edita a Petr. Rollos chalcographo (absque nota). — Euterpa suboles, hoc est emblemata varia eleganti iocorum mistura variata, distichis iucundis exornata, in favorem et gratiam eorum qui festivis hisce jocis gaudent venuste et eleganter æri incusa. — Neus Stambuchlein, etc. — *Durch* Peter Rollos. — *S. l. n. d.*, 2 part. en 1 vol. in-4 obl. fig. demi-rel. dos et coins mar. r. (*Capé.*)

Édition originale. Mèmes gravures que dans le *Centre de l'Amour.*

52. Le Centre de l'Amour découvert soubs divers emblèmes galants et facétieux. *A Paris, chez Cupidon*, 1687, in-4 obl. mar. vert. tr. dor. (*Kœhler.*)

Très-bel exemplaire de la bibliothèque de Ch. Nodier et de Van der Helle. Cet ouvrage rare contient exactement les mêmes gravures que celui de P. Rollos (Vita Corneliana...). L'ordre des gravures est totalement interverti, et il y a une gravure de Vita Corneliana,... qui n'est pas reproduite dans le Centre de l'amour.

La gravure n° 8 est réemmargée.

Les vers français ajoutés par l'éditeur du Centre de l'amour sont généralement très-libres.

53. Iconographie des estampes à sujets galants et des portraits de femmes célèbres par leur beauté, &c., par M. le c. d'I***. *Genève, J. Gay*, 1868.

BELLES-LETTRES.

54. Rutilius Lupus. De Figuris sententiarum et elocutionis, libri II, recensuit Ruhnkenius. *Lugd. Bat.*, 1768, in-8, mar. bl. fil. n. rog. (*Thouvenin.*)

55. Nouvelle allégorique, ou Histoire des derniers troubles arrivez au royaume d'Eloquence. Seconde édition. *Paris*, *Pierre Lamy*, 1659, in-12, vélin. Carte.

56. Factum pour messire Antoine Furetière contre quelques-uns de l'Académie françoise. *Amsterdam*, *H. Desbordes*, 1688, in-12, vélin.

A l'intérieur, *ex libris* de L. Du Temps, chanoine de Reims.

POÉSIE.

57. Odes d'Anacréon traduites en vers sur le texte de Brunck, par J.-B. de Saint-Victor. *Paris, Nicolle*, 1818, in-8, 2 gravures, v. rac.

58. Les Idylles de Théocrite traduites du grec en vers francois avec des remarques. *Paris*, *chez P. Aubouin et P. Emery*, 1688, in-12, frontispice, maroq. rouge, tr. dor. (*Reliure ancienne.*)

59. Quinti Horatii Emblemata, studio Othonis Vænii. *Antuerpiæ*, 1612, in-4, figures, mar. br. tr. dor.

Bel exemplaire.

60. Quinti Horatii Flacci Opera. *Parisiis, e Typographia regia*, 1733, pet. in-12, mar. r. fil. tr. dor.

Bel exemplaire de la vente Radziwill.

61. Les Élégies choisies des Amours d'Ovide, par M. le marquis de Villennes, gouverneur de Vitry-

le-François. *A Paris, chez Claude Barbin,* 1668, in-12, maroq. bleu, jans. dent. int. tr. dor. (*Capé.*)

62. Titi Lucretii Cari de rerum Natura libri sex. *Londini,* 1832, in-4, mar. r. fil. tr. dor. (*Reliure angl.*)

63. Juvenalis et Persii Satyræ, cum annotatione Farnabii. *Amst., typis Joannis Blaeu,* 1630, in-12, maroq. rouge. (*Anc. rel.*)

64. M. Valerii Martialis Xenia et Apophoreta. *Impressa Lipsiæ per Jacobum Thanner,* 1498, goth. in-4, demi-rel. mar. br.

65. Épigrammes de M. Val. Martial latines et françaises, nouvelle traduction. *A Paphos, de l'imprimerie du dieu des amours,* 3 vol. in-8, cart. n. rog.

66. Stultifera Navis mortalium, a Seb. Brant. *Basileæ,* 1572, pet. in-8, v. f. (*Petit.*)

Figures sur bois dans le texte.

67. Dan. Heinsii Poemata. *Lugd. Bat.,* 1640, pet. in-12, maroq. fil. tr. dor. (*Anc. rel.*)

68. Nicolai Parthenii Piscatoria et Nautica. 1686, 2 vol. in-12, v.

69. Palingenii Zodiacus vitæ. *Roterodami,* 1722, pet. in-8, v. fil. tr. dor.

70. Merlini Cocaii poetæ Mantuani macaronicorum Opus. *Venetiis,* 1573, in-16, mar. vert, fil. tr. dor.

Figures dans le texte.

---

71. Le Livret de folastries à Janot Parisien, recueil de poésies de Ronsard (réimpression textuelle faite sur l'édition de 1553). *Paris, J. Gay,* 1862, pet. in-12, demi-rel. maroq. bleu avec coins, dos orné, fil. tête dor. n. rog. (*David.*)

72. Les Gayetez, les Amours et les Soupirs d'Olivier de Magny, publiés par les soins de M. P. Blan-

chemain. *Turin, J. Gay,* 1869-70, 3 vol. gr. in-8, br.

73. Les Prophéties de M. Michel Nostradamus, médecin du Roy Charles IX. *A Lyon,* 1568, in-12 carré, portr. ajouté, v. fauve à comp. fil. noir et or, tr. dor. (*Reliure moderne.*)

74. Les OEuvres de Clément Marot, de Cahors, valet de chambre du Roy. *A la Haye, chez Adrian Moetjens,* 1700, 2 vol. in-12, maroq. rouge avec coins, fil. tr. marbr. (*Petit, succ. de Simier.*)

75. Les Quatre Premiers Livres de la Franciade, au roy très-chrétien, Charles IX de ce nom, par Pierre de Ronsard, gentilhomme vandomois. *A Paris, chez Barthélemy Macé,* 1617, in-12, portrait, maroq. fauve, dos et plats à comp. dent. int. tr. dor. (*Bauzonnet.*)

Ex libris du comte H. de la Bédoyère.

76. Les OEvvres de M. François de Malherbe, gentilhomme ordinaire de la chambre du roy. *Imprimé à Orléans et se vend à Paris, chez Guill. de Luynes,* 1659, in-12, v. fauve, fil. tr. dor. (*R. Petit.*)

Timbre sur le titre dans la marge du bas.

77. Le Cabinet satyrique, ou Recueil parfait de vers piquants et gaillards de ce temps tiré des secrets cabinets des sieurs de Cigogne, Regnier, Motin, Berthelot, Maynard et autres des plus signalez poëtes de ce siècle. *Paris, chez Pierre Billaine,* 1620, in-12, frontispice, maroq. rouge jans. dent. int. tr. dor. (*Menthey.*)

Le frontispice est remonté.

78. Les OEuvres du sieur de Saint-Amant. *A Paris, chez Nicolas Trabouillet,* 1637, in-8, parch.

79. La Rome ridicule, caprice (par Saint-Amant). *S. l. n. d.* (1643), in-4, cartonné.

Pièce en vers. Première édition. Exemplaire portant quelques corrections mss. strophe IV, vers 6, etc.

80. Les OEuvres du sieur Théophile, divisées en trois parties. *A Rouen, chez Thomas Daré*, 1643, in-8, parch.

81. Poésies diverses du sieur Furetière. *A Paris, chez Guill. de Luynes,* 1655, in-4, front. v. rac.

82. La Muse coquette et plusieurs autres vers d'amour et de galanterie, recueillis par le sieur Colletet le fils. *Paris,* 1659, in-12, maroq. rouge jans. dent. int. tr. dor. (*Thibaron-Echaubard.*)

Bel exemplaire.

83. CONTES ET NOUVELLES en vers, par M. de la Fontaine. *A Amsterdam*, 1762, 2 vol. in-8, portrait gravé par Ficquet, gravures et vignettes de Choffard, maroq. rouge, dos orné, large dent. à l'Oiseau sur les plats, doublé de maroq. bleu, fil. tr. dor. (*Brany.*)

Bel exemplaire.

84. Contes et Nouvelles en vers, par Jean de la Fontaine. *S. l.*, 1777, 2 tomes en 1 vol. in-8, gravures, demi-rel. v. viol.

85. La Muse dauphine, adressée à Monseigneur le Dauphin, par le sieur de Subligny. *A Paris, chez Claude Barbin,* 1667, in-12, chagrin vert, dent. sur les plats et dent. int. entièrement non rogné.

86. Poésies du marquis de la Fare. *Genève* (*Cazin*), 1777, in-16, fig. mar. r. tr. dor. (*Anc. rel.*)

87. La Muse mousquetaire, œuvre posthume de M. le chevalier de Saint-Gilles. *Paris, Guill. de Luynes*, 1709, in-12, mar. vert, ornem. sur les plats, dent. int. tr. dor. (*Smeers.*)

Bel exemplaire.

88. Le Nouveau Juvénal satirique pour la réformation des mœurs et des abus de notre siècle, dédié à S. A. R. Mgr le duc d'Orléans, régent de la monarchie française. *A Utrecht,* 1716, in-12, demi-rel. maroq. rouge avec coins jans. tête dor. n. rog. (*R. Raparlier.*)

89. L'Élite des poésies héroïques et gaillardes de ce temps, augmentées de nouveau. *S. l. n. d.*, in-12, maroq. rouge, fil. dent. int. tr. dor. *(Cuzin.)*

Charmant exemplaire d'un petit livre rare.

90. Les Mécontents du bas clergé, petit poëme comique et satirique. *En France*, 1756, in-12, demi-rel. mar. n. rog.

Exemplaire de la Bédoyère.

91. La Pucelle d'Orléans, poëme, par Voltaire. *A Londres (Cazin)*, 1780, 2 vol. in-16, frontispices et vignettes gravées, v. écail. fil. tr. dor.

92. Voltaire. La Henriade. *De l'imprimerie de la Société littéraire typographique (Kehl*, 1789), in-4, demi-rel. mar.

Portrait de Voltaire par de la Tour, gravé par Langlois ; portrait de Henri IV par Tardieu ; en têtes de Dupuis et de Poilly, vignettes de Fletcher remontées ; gravures d'après de Troy, remontées ; figures de Moreau jeune, ensemble 31 pièces ajoutées.

93. OEuvres complètes de Grécourt. *A Luxembourg*, 1764, 4 vol. in-12, gravures, v. fauve antiq. fil. tr. dor.

94. Pièces libres de M. Ferrand et Poésies de quelques auteurs sur divers sujets. *Londres*, 1768, in-12, maroq. bleu jans. dent. int. tr. dor. *(R. Petit.)*

95. Choix de chansons, mises en musique par M. de Laborde, ornées d'estampes par J.-M. Moreau. *Paris*, 1773, 2 vol. in-8, cartonnés, n. rog.

Le portrait de Laborde (à la lyre), gravé par Masquelier d'après Denon, se trouve au tome Ier. Le tirage des gravures est sur papier bleuâtre.

96. Mélanges, par M. Dorat. — Épître à l'ombre d'un ami, suivi de deux odes et de quelques idées sur Corneille, 1777. = Le Faux Ibrahim, conte arabe, et le Rêve impatientant, conte français, suivis des Réformes de l'Amour, 1777. = Épître de Pierre Bagnolet, citoyen de Gonesse, aux grands hommes du jour. Ens. 3 ouvr. en 1 vol. gr. in-8, front.

et 3 figures de Marillier, v. fauve antiq. fil. tr. dor.

97. Les Muses en belle humeur, ou Élite de poésies libres. *A Rome*, 1779, 2 parties en 1 vol. in-12, maroq. orange, dent. int. entièrement non rogné. (*Capé.*)

Bel exemplaire avec le chiffre de M. de la Villestreux sur le dos et les plats de la reliure.

98. Passe-temps des mousquetaires, ou les Loisirs bien employés, choix de petits contes modernes de M. D. B. (Desbies). *Au quartier général de l'imprimerie du Tambour major, en tout temps*, in-8, demi-rel. maroq. citron jans. tête dor. n. rog.

99. OEuvres choisies d'Alexis Piron. *A Londres*, 1782, 3 vol. in-16, demi-rel. chagr. rouge, non rognés.

100. Les Plaisirs de l'amour, ou Recueil de contes, histoires et poëmes galants (de la Fontaine, Dorat, Gresset, &c.). *Chez Apollon, au Mont-Parnasse*, 1782, 3 vol. pet. in-12, gravures, demi-rel. v. antiq.

101. Les Muses du foyer de l'Opéra, choix de poésies libres, galantes, satiriques et autres. *Au Café du Caveau*, 1783, in-8, demi-rel. maroq. rouge, tr. dor.

102. OEuvres de M. le chevalier de Boufflers. *Londres*, 1786, 3 tom. en 1 vol. in-16, chagr. vert, dent. tr. marbr.

103. Le Petit-Neveu de Bocace, ou Contes nouveaux en vers, par M. Pl. D. (Plancher de Valcourt). *Amsterdam*, 1787, 3 vol. in-8, demi-rel. v. vert. entièrement NON ROGNÉ.

Exemplaire sur PAPIER ROSE.

104. Organt, poëme en vingt chants (par Saint-Just, depuis député à la Convention nationale). *Au Vatican* (*Paris, Demonville*), 1789, 2 parties

en 1 vol. in-12, maroq. vert, dos orné, fil. dent. int. tr. dor. (*Allo.*)

Le titre est raccommodé.

105. Délassemens du boudoir, recueil de poésies galantes. *S. l.*, 1790, in-16 carré, gravure demi-rel. maroq. bleu, dos orné, tête dor. n. rog.

106. Bréviaire des jolies femmes, ou Nouvelles et Poésies galantes. *A Paris, au Temple du Goût.* 1793, in-16, figure demi-rel. maroq. bleu avec coins, fleurons, tête dor. n. rog.

107. Glicère, ou la Philosophie de l'amour, poëme champêtre, divisé en autant de parties que le jour, orné d'une figure. *A Zurich*, 1796, in-12, veau, fil. dent. tr. dor.

Exemplaire sur papier bleu d'un ouvrage tiré à petit nombre et devenu rare. On l'attribue à M. de Saint-Aubin.

108. Les Bijoux des neuf sœurs, ou Mélanges de pièces fugitives. *Paris, Didot jeune*, 1796, in-12, veau rouge, compart. tr. dor.

109. La Courtisane d'Athènes, ou la Philosophie des grâces, conte dialogué en vers libres, suivi de poésies diverses par Simon-Pierre Mérard Saint-Just. *Paris*, 1801, in-12, demi-rel. v. viol.

110. Contes et autres poésies, suivis de quelques mots de Piron mis en vers par Jean-François Guichard. *Paris*, 1802, jolie demi-rel. maroq. rouge avec coins, dos orné, fil. tête dor. n. rog. (*Cuzin.*)

111. Un Mois de folie, poëme (par M. d'Egville). *Vaucluse*, 1803, in-12, v. fauve, fil. tête dor. n. rog.

112. Contes en vers, de Félix Nogaret. *Paris, G. Debray*, 1810, 2 vol. in-16, cart. n. rog.

113. L'Art du tour, poëme, orné de gravures par Ch. Lebois. *Paris, Firm. Didot*, 1819, gr. in-8, titre gravé, cart. n. rog.

114. La Reliure, poëme, par Lesné. *Paris*, 1827, gr. in-8, v. fauve, fil. tr. dor. (*J. Lebrun.*)

115. Ragguagli del Parnasso del signor Boccalini. *Amst.*, *Blaeu*, 1669, 2 vol. in-12, v.

116. Il Goffredo overo, Gierusalemme liberata del sign. Torq. Tasso. 1652, 2 tom. en 1 vol. in-24, vélin.

117. Il Vendemiatore, poemetto di Luigi Tansillo, e la Priapeia, sonnetti di Nicolo Franco. *A Peking* (*Paris*, *s. d.*), in-12, v. f. fil. tr. dor.

118. Il Libro del Perchè, colla Pastorella del Cav. Marino. *In Pelusio*, 1514, in-12, v. f. fil. tr. dor.

119. L'Adone, poema heroïco del Cav. Marino. *Amsterdam*, *Dan. Elzevier*, 1678, 4 vol. pet. in-16, v. f.

Figures de Séb. Leclerc.

120. La Secchia rapita di Alessandro Tassoni. *Parigi*, *Prault*, *s. d.*, in-12, v. gr. fil. tr. dor.

121. Le Seau enlevé, poëme héroï-comique imité du Tassoni, par Auguste C*** (Creuzé). *Paris*, *de l'imp. de P. Didot l'aîné*, 1796, in-18, papier vélin, maroq. rouge, fil. doublé de tabis bleu avec dent. tr. dor. (*Anc. reliure.*)

122. Le Berger fidèle, traduit de l'italien de Guarini en vers françois. *A Cologne*, *Pierre du Marteau* (*à la Sphère*), 1671, in-12, figures, demi-rel. mar.

123. Le Poesie di Giorgio Baffo. 1771, in-8, v. f. fil. tr. dor.

124. Il Fodero, osia il jus sulle spose degli antichi signori, poema satirico giocoso. *In Nizza della Paglia*, 1788, in-12, demi-rel. n. rogn.

THÉATRE.

125. Choix de farces, soties et moralités des xve et xvie siècles, recueillies sur les manuscrits origi-

naux et publiées par Émile Mabille. *Nice, J. Gay*, 1873, 2 vol. in-12, br. papier vélin.

126. OEuvres de Molière, nouvelle édition, augmentée de la Vie de l'auteur et des remarques historiques et critiques, par M. de Voltaire. *Amsterdam et Leipzig*, 1765, 6 vol. in-12, figures de J. Punt, demi-rel. v. fauve, tr. marbr.

127. Théâtre de campagne, ou les Débauches de l'esprit (recueil attribué à Grandval le père). *Londres*, 1755, in-8, v. antiq.

Recueil contenant des pièces plaisantes ou espèces de parades jouées sur des théâtres bourgeois.

128. Colette et Lucas, comédie en un acte, mêlée d'ariettes. *De l'imprimerie de l'auteur, chez l'auteur*, 1781, in-8, figure, br.

Cet ouvrage est du prince de Ligne et sorti de son imprimerie particulière. On n'en connait que quelques exemplaires.

129. Théâtre de société (par Collé). *A la Haye et se trouve à Paris*, 1777, 3 vol. pet. in-8, musique notée, v. dent. tr. dor.

130. Théâtre des boulevards, ou Recueil de parades (par Collé, M. de Sallé, Fagan, Montcrif, Piron). *A Mahon*, 1756, 3 vol. in-12, v. ant. marbr. fil. tr. marbr.

131. Théâtre des boulevards, ou Recueil des pièces jouées aux Variétés, Ambigu-Comique, &c. *Paris*, 1788, 3 vol. in-8, maroq. citron, fil. tr. cuivr. (*Anc. reliure.*)

Ex-libris Viollet-Le-Duc.

132. Mon Répertoire. (*Rheinsberg et Berlin*, 1790), in-8, cartonné.

Recueil factice composé de Tancrède, — les Trois Sultanes, — le Déserteur, — la Femme jalouse, — Œdipe à Colone, — la Mélomanie, — l'Amitié à l'épreuve, — la Colonie. — Ce recueil a été fait par le comte de Nugent qui a joué dans ces pièces et qui a joint deux lettres autographes de félicitations du roi Guillaume et du prince Henri de Prusse datées de 1790.

133. Hernani, ou l'Honneur castillan, drame, par Victor Hugo. *Paris*, 1830, in-8, demi-rel.

Première édition, cachet sur le titre.

134. Celestina, tragicomedia de Calisto y Melibea. *En la officina Plantiniana*, 1595, pet. in-8, demi-rel.

Édition rare.

ROMANS.

135. Les Amours pastorales de Daphnis et de Chloé, traduites du grec de Longus par Amyot. *Paris, P. Didot l'aîné, l'an VIII*, in-16, maroq. rouge, fil. orn. sur les plats, dent. int. tr. dor.

Exemplaire sur papier vélin avec les copies des figures du régent gravées par Vidal.

136. Les Affections de divers amans, faites et rassemblées par Parthenius de Nicée, ancien auteur grec, et nouvellement mises en françois (par Jehan Fornier). *S. l.* (*Paris, Coustelier*), 1743, in-12, v. fauve, antiq. fil. tr. dor.

137. Apulegio volgare, traducto per il magnifico conte Boiardo. *Impresso in Venetia*, 1520, pet. in-8, mar. r. tr. dor. (*Anc. rel.*)

Édition ornée de petites figures en bois.

138. L'Éloge de la Folie, traduit du latin d'Érasme par M. Gueudeville. *S. l.*, 1751, front. et gravures d'Eisen, v. fauve, antiq. fil.

Exemplaire en GRAND PAPIER.

139. Les Cent Nouvelles nouvelles. *A Cologne, chez Pierre Gaillard*, 1803, 4 tomes en 2 vol. in-8, figures, demi-rel. v. fauve, avec coins, tête jasp. n. rog.

140. LES NOUVELLES de Marguerite, reine de Navarre (Heptaméron français). *Berne*, 1780, 3 vol. in-8, gravures de Freudenberg, v. rac. dent. tr. dor.

Bonnes épreuves.

141. Nouvelles galantes, comiques et tragiques. *Sur la copie. A Paris, chez Etienne Loyson*, 1680, 2 tomes en 1 vol. pet. in-12, maroq. rouge, jans. dent. int. tr. dor. (*Hardy-Mennil.*)

142. Rome galante, ou Histoire secrète sous les règnes de Jules César et d'Auguste (par le chevalier de Mailly). *Paris, Jean Guignard*, 1696, 2 tomes en 1 vol. in-12, front. gravé, mar. r. dos orné, fil. dent. int. tr. dor. (*Darland aîné.*)

Bel exemplaire.

143. Pluton maltôtier, nouvelle galante. *A Cologne* (*la Sphère*), 1708, in-12, v.

144. Les Victoires de l'amour, ou Histoire de Zaïde, de Léonor et de la marquise de Vico. *Amsterdam*, 1714, in-12, gravures, v. rouge, tr. dor.

145. Le Passe-partout galant, par Monsieur ***, chevalier de l'ordre de l'Industrie et de la Gibecière. *A Constantinople, à l'imprimerie de Sa Hautesse*, 1722, in-12, gravure, parchemin.

146. Les Dames galantes, ou la Confidence réciproque, nouvelle (par Poisson). *Amsterdam, J. Pauli*, 1737, 2 parties en 1 vol. in-12, demi-rel. maroq. rouge, avec coins, fil. tête dor. non rog.

147. Le Diable ermite, ou Avantures d'Astaroth banni des enfers, ouvrage de fantaisie, par M. de M*** (de Saumery). *Amsterdam, chez Fr. Joly*, 1741, pet. in-12, front. gravé, maroq. rouge, dos orné, fil. tr. dor. (*Reliure moderne.*)

148. Le Conte du tonneau, par Jonathan Swift, traduit de l'anglois. *A la Haye, chez Henri Scheurleer*, 1741-1749, 3 vol. in-12, demi-rel. maroq. rouge avec coins, tête dor. n. rog.

149. Histoire de mademoiselle Cronel, dite Frétillon. *La Haye*, 1741, 4 part. en 1 vol. in-12, cart. n. rogn.

Portrait. C'est l'histoire de Mlle Clairon.

150. Hipparchia, histoire galante traduite du grec, divisée en trois parties (attribuée à Beauchamp), avec une préface très-intéressante et ornée de figures en taille-douce. (*Paris*), *l'an de ce monde*

(1748), 3 parties en 1 vol. pet. in-12, maroq. rouge, fil. tr. dor. (*Anc. reliure.*)

150 *bis*. L'Isle de France, ou la Nouvelle Colonie de Vénus (par l'abbé Marchadier). *Amsterdam* (*Paris*), 1752, in-12, demi-rel. chagr. brun.

151. La Saxe galante (par le baron de Poellnitz). *Amsterdam*, 1763, pet. in-8, maroq. bleu, dos orné, fil. dent. int. tr. dor. (*Thibaron.*)

152. Les Quarts d'heure d'un joyeux solitaire, ou Contes de M. *** (l'abbé Sabatier de Castres). *A la Haye*, 1766, in-12, demi-rel. maroq. viol. tête dor. n. rog.

153. Vie de la Bourbonnaise, écrite par elle-même à sa mère. *S. l.*, 1769, in-12, figure, demi-rel. maroq. bleu viol. avec coins, dos orné, tête dor. n. rog. (*Duru.*)

154. Oronoko, ou le Prince Nègre, imitation de l'anglais par M. de la Place. *A Londres, et se trouve à Paris*, 1769, in-12, figures de Marillier, maroq. citron, fil. tr. dor. (*Anc. reliure.*)

155. La Cassette verte de M. de Sartine, trouvée chez mademoiselle Duthé. *La Haye*, 1779, in-8, relié.

156. Collection complète des œuvres de M. de Crébillon fils. *Londres*, 1779, 7 vol. in-12, v. rac. dent. tr. marbr.

157. Contes moraux, par M. Marmontel, de l'Académie française. *A Londres* (*Cazin*), 1780, 3 vol. in-16, jolies figures, v. écail. fil. tr. dor.

158. L'Espion dévalisé (par Baudouin de Guemadeuc). *Londres*, 1782, in-8, demi-rel. chagr. rouge.

159. Relation véridique qui a l'air d'un songe. *La Haye*, 1782, in-8, demi-rel. maroq.

160. Joseph, par M. Bitaubé. *A Paris, de l'imprimerie de Didot l'aîné*, 1786, 2 vol. in-16, figures de Marillier, v. antiq. fil. tr. dor.

161. La Religieuse, par Diderot. *A Paris, chez Buisson, an Vme de la République française*, in-8, maroq. marron jans. dent. int. tr. dor. (*Hardy.*)

162. La Religieuse, par Diderot. *Paris, an VII*, in-8, portrait gravé d'après Aubry, et figures de Le Barbier, v. rac. tr. marbr.

163. Rétif de la Bretonne. Le Paysan perverti, ou les Dangers de la ville. *Imprimé à la Haie et se trouve à Paris*, 1776, 4 vol. in-12, gravures de Binet, cart. percal. tr. peign.

164. La Paysanne pervertie, par Rétif de la Bretonne. *Imprimé à la Haie et se trouve à Paris*, 1784, 4 vol. in-12, demi-rel. maroq. rouge avec coins, fil. tr. peign.

165. Les Françaises, ou 34 Exemples choisis dans les mœurs actuelles. *A Neufchâtel et se trouve à Paris*, 1786, 2 vol. in-12, gravures, v. ant.

166. Les Parisiennes, ou 40 Caractères généraux pris dans les mœurs actuelles, par Rétif de la Bretonne. *A Neufchâtel et se trouve à Paris*, 1787, 4 vol. in-12, gravures, v. antiq. marbr.

167. Les Nuits de Paris, ou le Spectateur nocturne, par Rétif de la Bretonne. *Paris, Mérigot*, 1791, 15 parties en 8 vol. in-12, gravures, v. antiq.

168. Le Drame de la vie, par Rétif de la Bretonne. *Paris, chez la Ve Duchêne et Mérigot*, 1793, 5 vol. in-12, portrait de Rétif gravé par L. Berthet d'après Binet, maroq. rouge, dos orné, fil. dent. int. tr. dor. (*Chambolle-Duru.*)

169. Les Posthumes. — Lettres reçues après la mort du mari par sa femme qui le croit à Florence,

par feu Cazotte. *Paris, Duchêne*, 1802, 4 vol. in-12, fig. brochés.

Cet ouvrage rare de Rétif de la Bretonne est bien complet, avec les HISTOIRES DE M. NICOLAS.

Contient également le catalogue complet et raisonné des ouvrages de Rétif, soit faits, soit à faire, etc.

170. Phatime et Zoroé, conte arabe, par M. Alciator, de Marseille. *Londres*, 1802, 4 vol. in-12, maroq. rouge, fil. tr. dor.

171. Julie....., par Madame de C* (Mme Guyot). *A Hambourg et se trouve à Paris*, 1821, 2 tomes en 1 vol. in-12, maroq. orange jans. dent. int. tr. dor. (*Ad. Bertrand.*)

172. Le Manuscrit vert, par Gustave Drouineau. *Paris, Ch. Gosselin*, 1832, 2 vol. in-8, figure, demi-rel. bas. rouge.

173. Mademoiselle Justine de Liron et le Mécanicien-Roi, nouvelles, par E.-J. Delécluze. *Paris, Gosselin*, 1832, in-8, demi-rel. v. vert.

Bel exemplaire.

174. Madame Putiphar, par Pétrus Borel. *Paris, Ollivier*, 1839, 2 vol. in-8, 2 vignettes de Markl, demi-rel. v. rouge, quadr. tr. peign.

175. Il Decamerone di M. Giovanni Bocaccio... con un raccoglimento di tutte le sentenze in questa sua opera da lui unate ; aggiunte le annotazioni... da monsig. Bembo. *In Lione, appresso Gulielmo Rovillio*, 1555, in-16, figures sur bois interc. dans le texte, maroq. vert d'eau, fil. dos orné, dent. int. tr. dor. (*Trautz-Bauzonnet.*)

176. El Ingenioso Hidalgo don Quijote de la Mancha, por Mig. de Cervantès. *Paris*, 1827, in-16, v. tr. dor. (*Simier.*)

Jolies figures de Stalker, sur chine.

DISSERTATIONS SINGULIÈRES, FACÉTIES, SATIRES.

177. Tractatus selecti de sponsalibus et matrimonio. *Lovanii,* 1775, in-12, mar. r. tr. dor. (*Anc. rel.*)

Aux armes de M. de Jonghe.

178. Joannis Meursii Élegantiæ latini sermonis. *Lugd. Batavorum, ex typis Elzevirianis,* 1757, in-12, frontispice, maroq. rouge, fil. tr. dor. (*Anc. rel.*)

179. Hippolytus redivivus, id est Remedium contemnendi sexum muliebrem. *Anno* 1644, pet. in-12, vélin.

180. Le Moyen de parvenir (par Béroalde de Verville). *S. l.,* 1773, 2 vol. pet. in-12, v. antiq. marbr.

181. Les Bigarrvres dv seignevr des Accords... Quatriesme liure, avec les Apophthegmes du seigneur Gaulard, augmentées. *A Poitiers, par Jean Bavchv,* 1615, in-16, v. fauve, antiq. fil.

182. Les Bigarrures et Touches du seigneur des Accords, avec les Apophthegmes du sieur Gaulard et les Escraignes dijonnoises. *Paris, chez Arnould Cotinet,* 1662, 2 part. en 1 vol. in-12, v. br.

183. Les Secrettes Ruses d'amour, où est monstré le vray moyen de faire les approches et entrer aux plus fortes places de son empire, par le s. D. M. A. P. *A Rouen,* 1610, 2 parties en 1 vol. petit in-12, maroq. rouge, jans. dent. int. tr. dor. (*C. Hardy.*)

Exemplaire de Veinant, avec *l'ex-libris* P. Desq.

184. Le Courrier dévalisé, publié par Ginifaccio Spironcini. *A Villefranche, imprimé par Jean Guibaud,* 1644, pet. in-12, demi-rel. maroq. rouge avec coins, tr. peign.

Seule traduction connue et rare d'un livre italien publié la même année.

185. La Source des C*** sauvages et la manière de les apprivoiser. *Lyon, Jean de la Montagne*, 1610. = Bail notable. = La Source du gros f*** des nourrices. = In-8, v. fil. tr. dor.

Réimpression du dix-huitième siècle.

186. La Source du gros f*** des nourrices. *S. d.*, et autres facéties, pet. in-8, br.

Réimpression du dix-huitième siècle, faite à petit nombre.

187. Histoire du prince Apprius, traduction françoise par M. Esprit, gentilhomme provençal. *A la Haye*, 1729, in-12, demi-rel. maroq. rouge, avec coins, fil. n. rog.

188. Les Yeux, le Nez et les T***, ouvrage curieux et galant (composé par le libraire Roger). *A Amsterdam, chez Jean Pauli*, 1735, in-12, v. fauve, dent. à froid, tr. dor.

189. Les Soupers de Daphné et les Dortoirs de Lacédémone, anecdotes grecques (composé par de Querlon). *Oxfort*, 1740, in-12, v. fauve, fil.

On a ajouté à cet exemplaire une clef manuscrite.

190. Les Nonnes galantes, ou l'Amour embéguiné (par le marquis d'Argens). *A la Haye*, 1740, in-12, v. fauve, fil. dent. int. tr. dor. (*Thouvenin.*)

Bel exemplaire portant les *ex-libris* ARMAND CIGONGNE et P.DESQ.

191. L'ORIGINE DES PUCES (par Piron). *Londres*, 1749, in-12, texte gravé (36 pages), maroq. brun, fil. tr. dor.

Exemplaire EN GRAND PAPIER. Rare.

192. Cléon, rhéteur cyrénéen, ou Apologie d'une partie de l'histoire naturelle, traduit de l'italien. *Amsterdam*, 1750. — La Messaline, traduite de l'italien de Francesco Pona. 1761. Ens. 2 ouvr. en 1 vol. in-8, v. fauve, fil. tr. dor. (*Derome.*)

193. Histoire de Camouflet, souverain potentat de l'empire d'Equivopolis. 1751. = L'Art de p***. *En Westphalie*, 1751, fig. = Les Filles femmes et

les Femmes filles, ou le Monde changé. 1751. = Le Roman cabalistique. *Amsterdam*, 1750. = 4 parties en 1 vol. in-12, mar. r. fil. tr. dor.

194. Les Étrennes de la Saint-Jean (par de Tubières, comte de Caylus). Les Écosseuses, ou les OEufs de Pâques, suivis de l'Histoire du porteur d'eau, ou les Amours de la ravaudeuse, comédie; seconde partie des Étrennes de la Saint-Jean. *A Troyes, chez la veuve Oudot*, 1757, 2 parties en 1 vol. in-12, demi-rel. chagr. viol.

195. L'Hôpital des fous, traduit de l'anglais (de J. Walsh). 1764, in-8, fig. et vignettes d'Eisen, demi-rel. toile lustrée. (*Raparlier.*)

Grand papier.

196. Les Petites Maisons du Parnasse, ouvrage comico-littéraire, par le cousin Jacques. *A Bouillon*, 1783, in-8, demi-rel. maroq. rouge, tête dor. n. rog.

197. Le Diable dans un bénitier et la Métamorphose du Gazetier cuirassé en mouche, ou Tentative du sieur Receveur pour établir à Londres une police à l'instar de celle de Paris, par Pierre Le Roux. *Paris, de l'Imprimerie royale, s. d.*, in-8, demi-rel.

198. Le Lit de noce, ou les Nuits du docteur Pyrico-Proto-Putouphlet. Livre comique et cependant médico-philosophique, traduit tout nouvellement de la langue gasconne par un berger d'Arcadie. Cet ouvrage est suivi d'une dissertation politique intitulée : les Petites Têtes sous de grands bonnets. *S. l.* (*Paris*), 1791, in-8, mar. r. fil. dos orné à la Padeloup, fil. dent. int. tr. dor. (*Behrends.*)

199. Sottisier, ou Recueil de B. S. et F. *Paris*, 1817, in-12, v. fauve, dos orné, fil. tr. dor. (*Petit, s[r] de Simier.*)

200. Capricciosi e piacevoli Ragionamenti di Pietro Aretino. *Stampati in Cosmopoli* (*Hollande, Elzevir*),

1660. = La Puttana errante. = 2 part. en 1 vol. pet. in-8, maroquin r. large dentelle, tr. dor. (*Anc. rel.*)

Bel exemplaire. Cachet de M. Cayrol sur le titre.

201. Il Puttanismo Romano, con il Nuovo Parlatorio delle Monache, satira comica di Baltassaro Sultanini, Bresciano. *In Londra*, 1669, pet. in-12, mar. r. fil. tr. dor.

Exemplaire de Charles Nodier. Jolie reliure ancienne.

MÉLANGES. — ENTRETIENS. — ÉPISTOLAIRES.

202. Recueil de quelques pièces nouvelles et galantes, tant en prose qu'en vers, dont les titres se trouveront après la préface. *Cologne, Pierre du Marteau*, 1664, pet. in-12, mar. rouge janséniste, dent. int. tr. dor. (*Hardy*.)

Hauteur 127 millim.

203. Les Délassemens d'un paresseux, par un C. R. d'E. A. C. D. L., membre de plusieurs Académies et de la Société anacréontique des *Rosati* d'Arras. *A Pigritiopolis et se vend à Lille*, 1790, pet. in-12, mar. r. fil. tr. dor. (*Anc. reliure.*)

Joli exemplaire de cet ouvrage de Louis-Joseph Dumarquez (d'Equerchies près Douai), moine de l'abbaye d'Arrouaise.

204. Des. Erasmi Roterod. Colloquia nunc emendatiora. *Lugd. Batavorum, ex officina Elzeviriana*, 1636, in-12, titre front. gr. maroq. bleu, comp. à la du Seuil, tr. dor. (*Lefebvre.*)

Ex-libris C. Pieters.

205. Adagiorum Erasmi Roterodami Epitome. *Amstel., apud. Lud. Elzevirium*, 1650, in-12, vélin.

206. Dialogues faits à l'imitation des anciens, par Oratius Tubero. *A Francfort, par Jean Savius*, 1716, 2 vol. in-16, demi-rel. v. viol. avec coins, entièrement n. rog.

207. Espiègleries, Joyeusetés, Bons Mots, Folies, etc., par Mérard Saint-Just. *Kehl*, 1789, 3 vol. in-18, demi-rel. maroq. rouge, avec coins, dos orné, tête dor. n. rog.

Tirés à 100 exemplaires. Exemplaire de M. Potier.

208. M. Tullii Ciceronis Epistolæ ad Atticum, cum correctionibus Pauli Manutii. *Venetiis* (*Aldus*), 1554, pet. in-8, demi-rel. v. br.

209. Bruni Epistole heroiche. *Roma*, 1647, in-12, mar. olive, fil. tr. dor.

Très-bel exemplaire en ancienne reliure de Dusseuil; l'ouvrage est enrichi de très-jolies figures.

210. Collection Cazin. *Londres et Genève*, 1781-1791, ens. 66 vol. in-16, v. antiq. fil. tr. dor.

Histoire d'Hippolyte comte de Duglas, par Mme d'Aulnoy, 2 vol. — Recueil des pièces qui ont eu le plus de succès, 6 vol. — Œuvres de Vergier, 3 vol. *portrait*. — Lettres anglaises, ou histoire de miss Clarisse Harlowe, 11 vol.— Poésies de Dorat, 4 vol. *portrait*. — Poésies satiriques du dix-huitième siècle, 2 vol. — Les Œuvres galantes et amoureuses d'Ovide, 2 vol. — Les Liaisons dangereuses, 4 vol. — Odes anacréontiques, contes en vers, par M. Méro. — Œuvres de Regnier, 2 vol. *portrait*.— Contes et nouvelles en vers, par M. de la Fontaine, 2 vol. *reliure ancienne en maroquin rouge*. — Hymne au Soleil, par l'abbé de Reyrac. 1 vol. *portrait*. — Contes et poésies diverses de M. de Voltaire, 1 vol. — Œuvres choisies de madame et de mademoiselle Deshoulières, 1 vol. *portrait*.— Les Saisons, poëme, 1 vol. *gravure*. — Voyage de Chapelle et Bachaumont, 1 vol. *gravure*. — La Dunciade, par Palissot, 1 vol. *portrait*. — Les Chefs-d'œuvre de Pope, 1 vol. portrait. — Œuvres complètes de Gessner, 3 vol. *portrait et frontispice*. — Richardet, poëme, 2 vol. 2 *frontispices gravés*. — Les Amours pastorales de Daphnis et Chloé, 1 vol. — Romans de M. de Meyer, 1 vol. — La Vie et les opinions de Tristram Shandy, 4 vol. — Œuvres complètes de Vadé, 4 vol. brochés. — Le Grelot, etc. 1 vol. — Les Sonnettes, etc. 1 vol. — Confession générale du chevalier de Wilfort. — Mémoires de mademoiselle de Bontemps, 2 vol.

211. Œuvres de Plutarque, traduites du grec et accompagnées de notes, par D. Ricard. *Paris*, *J. Brière*, 1827, gr. in-8, vélin, blanc moderne.

Édition compacte, contenant les Hommes illustres.

212. M. Tullii Ciceronis Opera omnia, accurante Schrevelio. *Amstel.*, *apud Elzevirios*, 1661, in-4, maroq. r. fil. tr. dor. (*Hardy*.)

Bel exemplaire.

213. OEuvres du seigneur de Brantome. *A la Haye*, 1740, 15 vol. pet. in-12, v. antiq. marbr. fil. tr. dor.

Bel exemplaire.

214. OEuvres badines et morales de M. Cazotte. *Londres*, 1788, 7 vol. in-12, gravures, demi-rel. v. viol.

215. OEuvres de Romagnesi. *Paris, Ve Duchêne*, 1772, 2 vol. in-8, v. fauve, ant. dent. tr. dor. (*Derome*.)

Exemplaire de Pixerécourt.

HISTOIRE.

HISTOIRE ANCIENNE.

216. Justini ex Trogi Pompeii Historiis libri. *Parisiis, Rob. Stephanus*, 1543, in-8, demi-rel.

217. Michaelis Altsingeri Austriaci Pentaplus regnorum mundi. *Antuerpiæ, Plantin*, 1579, in-4, demi-rel. *Grandes planches*.

218. Thesaurus historiarum, auctore Burgklehner, Tirolense. *OEniponti*, 1682, 2 vol. in-fol. maroquin vert, fil. tr. dor.

Bel exemplaire aux armes de De Thou.

219. L'Introduction, ou Traité de la conformité des merveilles anciennes avec les modernes, ou Traité préparatif à l'Apologie d'Hérodote. *S. l.*, 1576, in-8, v. br. fil. tr. marbr.

Exemplaire grand de marges.

220. Apologie pour Hérodote, ou Traité de la conformité des merveilles anciennes avec les modernes, par Henri Estienne, nouvelle édition avec des remarques par M. le Duchat. *A la Haye, chez Henry Scheurleer*, 1735, 3 vol. in-12, frontispice, v. fauve antiq.

HISTOIRE DE FRANCE.

221. Recueil des roys de France, leurs couronne et maison, ensemble le rang des grands de France, par Jean du Tillet, sieur de la Bussière. *Paris, chez Pierre Mettayer*, 1618, 2 vol. in-4, figures, v. éc. fil. tr. dor.

222. Epitome chronicorum regum Galliæ. *Parisiis, Guill. Le Noir*, 1566, pet. in-8, maroquin r. fil. tr. dor. (*Petit.*)

Portraits.

223. Cronique et Hystoire, faicte et composée par feu messire Philippe de Commines, contenant les choses advenues durant le règne du roy Louis unziesme. (A la fin:) *Fut acheuée d'imprimer l'an 1523 par Antoine Couteau, pour Galliot du Pré*, 1524, in-folio goth. à 2 col. v.

Seconde édition. Exemplaire dont les premiers et derniers feuillets sont raccommodés.

224. De justa Henrici Tertii abdicatione e Francorum regno libri quatuor. *Lugduni*, 1591, in-8, v. antiq. marbr.

Le titre est raccommodé.

225. Brutum fulmen papæ Sixti V, adversus Henricum Ser. Regem Navarræ, et illustr. Henricum Borbonium, principem Condæum (opera Franc. Hotomani). (1585), pet. in-8, cuir de Russie, filets, tr. dor. (*Thouvenin.*)

Une note manuscrite sur la garde contient ce qui suit : « Livre très-célèbre; l'on trouve ici, pp. 35-47, les fables de saint Dominique, comme celles de saint François dans l'Alcoran des Cordeliers. »

226. Histoire des amours de Henri IV, avec diverses lettres écrites à ses maîtresses (par Louise-Marguerite de Lorraine, fille du duc de Guise, princesse de Conti). *A Leyde, chez Jean Sambyx* (*Amsterdam, Elzevier*) (1663), pet. in-12, v. antiq.

227. Les Histoires tragiques de notre temps, composées par Fr. de Rosset. *Lyon*, 1642, in-8, v. f. tr. dor. (*Koehler.*)

228. Mémoires de M. D. L. R. (de la Rochefoucauld), contenant les brigues pour le gouvernement à la mort de Louis XIII, etc. *A Cologne, chez Pierre Van Dyck* (*la Sphère*), 1662, pet. in-12, v. écail., fil. tr. marbr.

229. Les Amours d'Anne d'Autriche, épouse de Louis XIII, avec Mgr le C. de R. *A Londres* (*la Sphère*), 1738, in-12, maroq. rouge jans. dent. int. tr. dor. (*Trautz-Bauzonnet.*)

Bel exemplaire.

230. Il Mercurio postiglione... di questo e l'altro mondo. *In Villafranca*, 1667, in-12, v. ant. fil. noirs, tr. dor. (*Thouvenin.*)

Pamphlet sur Louis XIV.

231. Lettre du père la Chaise, confesseur du Roy de France, au père Peters, confesseur du Roy d'Angleterre. *Imprimé sous la presse chez l'imprimeur qui l'a imprimé, et se vend chez les libraires qui l'ont.* 1688, in-16, v. antiq. tr. dor.

232. Le Taureau banal de Paris. *Cologne, chez Pierre Marteau*, 1689, pet. in-12, demi-rel. v. viol.

233. Scarron apparu à madame de Maintenon et les reproches qu'il lui fait sur ses amours avec Louis le Grand. *A Cologne, chez Jean Leblanc*, 1694, pet. in-12, gravure, demi-rel. avec coins, maroq. rouge, n. rog.

234. Conseil privé de Louis le Grand assemblé pour trouver les moyens par de nouveaux impôts de pouvoir continuer la guerre contre les hauts alliez, avec plusieurs autres entretiens roullans sur les affaires du temps. *A Versailles*, 1696, in-12, demi-rel. maroq. vert, avec coins.

235. L'Art d'assassiner les rois, enseigné par les jésuites à Louis XIV et Jaques II, où l'on découvre le secret de la dernière conspiration formée à Versailles le 3 de septembre 1695 contre la vie de Guillaume III, roy de la Grand'Bretagne. *A Londres, chez Thomas Fullher*, 1696, in-12, demi-rel. v. bleu, avec coins, fil. tête dor. n. rog.

236. Renversement de la morale chétienne par les désordres du monachisme, enrichi de figures. *On les vend en Hollande chez les marchands libraires et imagers, avec privilége d'Innocent XI.* In-4, 25 planches gravées, maroq. viol. rosace sur les plats, dent. sur les plats, tr. dor. (*Petit, succ. de Simier.*)

237. Les Héros de la Ligue, ou la Procession monacale, conduite par Louis XIV, pour la conversion des protestants de son royaume. *Paris* (*Hollande*), 1691, 24 portraits en caricatures, maroquin rouge, filets, tr. dor. (*Lortic.*)

Très-bel exemplaire de premier tirage.

238. Mémoires secrets pour servir à l'histoire de la Perse (par Pecquet). *Amsterdam*, 1749, in-12, br.

239. Mémoires de M. le duc de Lauzun. *A Paris, chez Barrois l'aîné*, 1822, in-8, demi-rel. v. bleu, avec fil. tr. marbr.

Les trois premiers ff. sont atteints d'une forte mouillure.

240. Le Parc aux cerfs, ou l'Origine de l'affreux déficit, seconde édition. 1790, in-8, demi-rel. mar. figures.

241. Le Désœuvré, ou l'Espion du boulevard du Temple. *Londres*, 1781, in-8, br.

242. Pièces justificatives pour M. le cardinal de Rohan, accusé, déclarations authentiques suivant la forme angloise. *Paris, et se trouve à Bruxelles*, 1786, in-8, broché. = Second Mémoire à consulter et Consultation sur la défense à une accusation d'escroquerie, par J.-Ch. Vincent de Bette d'Etienville, bourgeois de Saint-Omer. *Paris*, 1786, in-8, broché.

243. Mémoire pour L. R. E. de Rohan, cardinal, contre le procureur général, en présence de la dame de La Motte, de la demoiselle d'Oliva, etc. *A Paris*, 1786, in-8, demi-rel. mar. v. avec coins, n. rogn. tr. sup. dorée.

244. La Chronique scandaleuse, ou Mémoires pour servir à l'histoire de la génération présente, contenant les anecdotes secrètes et les pièces fugitives les plus piquantes qui ont occupé les sociétés pendant les derniers temps (par Guill. Imbert de Bordeaux). *A Paris*, 1788, 3 vol. in-12, demi-rel. v.

245. Portefeuille d'un talon rouge, contenant des anecdotes galantes et secrètes de la cour de France. *A Paris, de l'imprimerie du comte de Paradis*, l'an 178*, br. in-12 de 42 pages.

ÉDITION ORIGINALE; voir le Bulletin du bibliophile, année 1855 (12me série) p. 112.

246. Vie de Jeanne de Saint-Remy de Valois, ci-devant comtesse de La Motte, écrite par elle-même. *Paris, l'an Ier de la République française*, demi-rel. maroq. vert, avec coins, dos orné, fil. tr. dor.

247. Mémoires justificatifs de la comtesse de Valois, écrits par elle-même. *Londres*, 1789, in-12, portrait, maroq. vert, jans. tr. dor. (*Anc. reliure.*)

248. Correspondance de la reine, avec d'illustres personnages. 1790, in-8, demi-rel. mar. r.

Portrait de Madame de Polignac.

249. Mémoire historique des intrigues de la cour et de ce qui s'est passé entre la reine, le comte d'Artois, le cardinal de Rohan, madame de Polignac, madame de la Motte, Cagliostro, etc., par le sieur Rétaux de Villette. *A Venise*, 1790, in-8, demi-rel. maroq. vert, avec coins, dos orné, fil. tr. dor.

250. Contes et Poésies du C. Collier, commandant général des croisades du bas Rhin. *A Saverne*, 1792, 2 tomes en 1 vol. in-16, 2 gravures, v. fauve, fil. dent. int. tr. dor. (*L. Tripon.*)

---

251. Dissertation sur l'histoire ecclésiastique et civile de Paris, suivie de plusieurs éclaircissemens sur l'histoire de France, par M. l'abbé Lebeuf. *A Paris*, 1739, 3 vol. in-12, demi-rel. v. fauve, tr. peign.

252. Les Rues de Paris, avec les cris que l'on entend journellement dans les rues de la ville et la chanson desdits cris, suivi d'un état de la dépense qui se peut faire en cette ville chaque jour et aussi ce que chaque personne peut dépenser. *A Troyes, chez Jean-Ant. Garnier, s. d.* (1724), pet. in-16, v. fauve, fil. tr. dor. (*Koehler.*)

HISTOIRE ÉTRANGÈRE.

253. Historia de vita, morte et justis Caroli V max. Imper. Roman, authore Staphylo. *Aug. Vind.*, 1559, in-4, vélin.

Exemplaire de la bibliothèque de Colbert.

254. Oraison funèbre sur le tréspas de tres hault, tres grand et tres puissant monarque dom Phi-

lippe Second roi d'Espagne, prononcée aux obsèques de Sa Majesté en l'église Notre-Dame de Tournay, le lundi 26 octobre 1590. *A Anvers, en l'imprimerie Plantinienne, chez Jean Moretus*, 1590, in-8, demi-rel.

255. Villa Burghesa vulgò Pinciana, poeticè descripta, ab Andr. Brigentio. *Romæ*, 1716, in-4, fig. cuir de Russie.

256. Essai historique sur la liberté d'écrire chez les anciens et au moyen âge, sur la liberté de la presse depuis le xve siècle, par Gabriel Peignot. *A Paris, Crapelet*, 1832, in-8, br.

257. Essai hist. et arch. sur la reliure des livres et sur l'état de la librairie chez les anciens (avec planches), par Gabriel Peignot. *Dijon, Lagier*, 1834, gr. in-8, demi-rel. mar. v. n. rogn.

258. Catalogus librorum rarissimorum antè annum MC. (auth. Smith). *S. l. n. d.*, pet. in-8, maroq. r. fil. tr. dor. (*Anc. rel.*)

Bel exemplaire de Girardot de Préfond et de Mac-Carthy.

259. Bibliographie des ouvrages relatifs à l'amour, aux femmes, au mariage, par le comte d'I***. *Paris, Gay*, 1864, in-8, demi-rel. mar. br. n. rogn.

260. Essai bibliographique sur les éditions des Elzévirs les plus précieuses et les plus recherchées, précédé d'une notice sur ces imprimeurs célèbres (par Bérard). *Paris, Firm. Didot*, 1822, in-8, demi-rel. v. fauve.

Exemplaire interfolié de feuillets blancs.

261. Bibliographie Moliéresque, par Paul Lacroix. *Turin, J. Gay*, 1872, in-12, br.

262. Chronique littéraire des ouvrages imprimés et manuscrits de l'abbé Rive, des secours dans les lettres que cet abbé a fournis à tant de littérateurs français et étrangers, de quelque rang et profes-

sion que ce soit, de la confiance dont divers illustres amateurs l'ont honoré en lui remettant divers ouvrages très-savans à faire imprimer, avec ses corrections et ses notes et des jugemens que divers journaux françois aussi ou étrangers ont portés sur ses ouvrages. *A Eleuthoropolis, de l'imprimerie des Anti-Copet, des Anti-Jean-de-Dieu, des Anti-Pascalis, ces anti-redoutables fléaux de la régénération françoise et de la vraie liberté Nationale, l'an 2ond* (sic) *du nouveau siècle françois*, demi-rel. maroq. rouge, n. rogn.

263. Cazin. Sa Vie et ses Éditions, par un Cazinophile. *Cazinopolis,* 1863, in-16, mar. la Vall. janséniste, têt. dor. n. rog. (*Chatelin.*)

L'un de dix EXEMPLAIRES SUR CHINE.

264. Répertoire de bibliographies spéciales, curieuses et instructives, par Gabr. Peignot. *Paris,* 1810. in-8, demi-rel.

265. Notice des ouvrages de bibliologie, d'histoire, de philologie, d'antiquité et de littérature, tant imprimés que manuscrits, de Gabriel Peignot. *A Paris, de l'imprimerie de Crapelet,* 1830, in-8, cart.

Mss. calligraphié d'un ouvrage de Peignot, tiré seulement à 25 exemplaires pour ses amis. — Il donne une explication assez complète de chacun de ses ouvrages.

266. Deschiens. — Bibliographie des journaux. *Paris, Barrois,* 1829, in-8, demi-rel. v. fauve.

267. Mélanges tirés d'une petite bibliothèque, ou Variétés littéraires et philosophiques, par Ch. Nodier. *Paris, Boret,* 1829, in-8, br.

268. Mélanges tirés d'une petite bibliothèque romantique, par Charles Asselineau. *Paris, René Pincebourde,* 1866, in-8, br. (Eau-forte de Célestin Nanteuil.)

Exemplaire sur GRAND PAPIER DE HOLLANDE.

269. Guide de l'amateur de livres à vignettes du XVIIIe siècle, par H. Cohen. *Paris*, *Rouquette*, 1870, in-8, br.

Exemplaire sur papier de Chine.

270. Catalogue des livres en très-petit nombre qui composent la bibliothèque de M. Mérard de Saint-Just. *Paris, imprimerie de Didot l'aîné*, 1783, in-18, mar. bleu, dos orné, fil. têt. dor. n. rog.

Tiré à 25 exemplaires.

271. Catalogue de la bibliothèque de M. G. de Pixerécourt. *Paris*, *Crozet*, 1838, in-8, demi-rel. v. f. n. rogn.

272. Catalogue des livres imprimés, manuscrits, estampes, dessins et cartes à jouer composant la bibliothèque de M. C. Leber. *Paris*, *Techener*, 1839, 4 vol. in-8, demi-rel. v. fauve, tr. dor. n. rog.

Le tome IV est broché.

273. Catalogue de la bibliothèque de M. L*** (Libri). *Paris*, 1847, in-8, br. (Prix et noms des acquéreurs.)

274. Catalogue des livres et estampes du cabinet de M. Armand Bertin. *Paris*, *Techener*, 1854, in-8, drel. v. f.

SECONDE PARTIE.

THÉOLOGIE, SCIENCES, BEAUX-ARTS.

275. Biblia latina. (A la fin :) *Impressa Venetiis, opera Theodorici de Reynsbuch*, 1478, in-fol. goth. à 2 col. mar. r. tr. dor.

Bel exemplaire.

276. Les Présentes Heures a lusaige de Paris ont esté || nouvellemēt imprimées avec plusieurs belles histoi || res de la Passion et resurrection de Jesuchrist. (A la fin :) *Cy finit ces p̄sentes heures a lusaige de Paris..... Et ont esté nouuellement imprimées à Paris par Jehan Petit, imprimeur pour Guillaume Godard marchāt et libraire iuré de luniuersité de Paris, demourāt sur le pōt au change a l'enseigne de lhōme saulvaige deuant lorloge du Palays.* (Calendrier de 1530 à 1552), petit in-8, gothique, maroquin br. tr. dor.

Exemplaire sur vélin. Toutes les gravures sur bois et les miniatures sont peintes en or et en couleurs.

277. HORÆ..... Très-pet. in-8, maroquin brun, tr. dor. (*Thivet.*)

Manuscrit du xve siècle sur vélin, 4 miniatures de la grandeur des pages.

278. Prières. 52 feuillets in-4, maroquin noir, fermoirs, tr. dor.

Beau manuscrit exécuté par Beauvalet. Il est composé d'encadrements à l'imitation des anciens manuscrits et d'oiseaux peints avec le plus grand soin.

279. Incipiunt aurea Verba sancti Egidii ordinis fratrum minorum. *S. l. n. d.*, petit in-4, gothique, demi-rel. mar.

Sans chiffre ni réclames. Imprimé vers 1480.

280. OEuvres complètes de Bossuet. *Paris, Louis Vivès,* 1862, 31 vol. in-8, demi-rel. mar. br. tête dorée, n. rogn.

Bel exemplaire. Papier vergé.

281. Oraisons funèbres de Bossuet, évêque de Meaux. *Paris, L. de Bure,* 1824, in-16, chagr. rouge, fil. tr. dor.

282. Choix d'oraisons funèbres de Fléchier, Massillon, Bourdaloue et La Rue. *Paris, L. de Bure,* 1825, in-16, chagr. rouge, fil. tr. dor.

283. La Règle de foi vengée des calomnies des protestants et spécialement de celles de M. Boullier, ministre calviniste d'Utrecht, par le R. P. Hubert Hayer, récollet. *A Paris et à Lille,* 1761, 3 vol. in-12, maroq. rouge, fil. tr. dor.

Reliure ancienne aux armes de Pierre-Léopold, duc de Lorraine.

284. Fulgentius Placiades in mythologiis. *Expensis Joannis Gruneri,* 1521, in-fol. car. r. mar. n. tr. dor. (*Aux armes du marquis de Morante.*)

Exemplaire grand de marges.

285. Dictionnaire infernal, par M. Collin de Plancy. *Paris, P. Mongie,* 1825, 4 vol. in-8, demi-rel. chagr. noir, tr. rouges.

---

286. Essais de Montaigne. *Paris, Th. Desoer,* 1818, 4 vol. in-16, papier fin, portrait, v. fauve, à comp. tr. dor.

287. Essais de Michel de Montaigne. *Paris, de l'impr. de Crapelet, et Lefèvre, éditeur,* 1818, 6 vol. in-12, portrait-médaillon de Montaigne sur

le titre du tome Ier, demi-rel. avec coins, cuir de Russie, tête dor. non rog.

288. Essais de Michel de Montaigne. *Paris, Lefèvre*, 1818, 6 vol. in-12, maroq. bleu, dent. tr. dor. (*Simier*.)

Exemplaire sur PAPIER VÉLIN.

289. Réflexions, ou Sentences et Maximes morales, cinquième édition, augmentée de plus de cent nouvelles maximes. *Paris*, *Claude Barbin*, 1678, in-12, maroq. rouge jans. dent. int. tr. dor. (*Duru et Chambolle*.)

Hauteur : 144 millim. Bel exemplaire.

290. Le Sage des stoïques, ou l'Honneur sans passions, selon les sentimens de Sénèque, par Antoine Le Grand. *La Haye*, *l'an* 1672, in-12, mar. r. fil. tr. dor.

291. Les Passions de l'âme, par René Descartes, *Paris, Henry Le Gras*, 1649, pet. in-8, mar. vert jans. dent. int. (*Hardy-Mennil.*)

Belle édition. Le titre est restauré.

292. De l'Égalité des deux sexes, discours physique et moral. *Paris*, *Jean Du Puis*, 1673, in-12. = De l'Excellence des hommes contre l'égalité des sexes. *Paris, Jean Du Puis*, 1675, in-12. = Ensemble 2 vol. in-12, mar. r. fil. tr. dor. (*Hardy*.)

293. OEuvres complètes de Vauvenargues, précédées d'une notice sur sa vie et ses ouvrages et accompagnées des notes de Voltaire, Morellet, Fortia et Suard. *A Paris, chez J. Brière*, 1823, demi-rel. maroq. olive, tête dor. n. rogn.

294. H. Grotii et aliorum Dissertationes de studiis instituendis. *Amsterd., apud Lud. Elzevirium*, 1645, in-12, maroquin vert jans. tr. dor. (*Duru*.)

295. Traicté politique composé par William Allen, Anglois, et traduit nouvellement en françois, où il

est prouvé par l'exemple de Moyse, et par d'autres tirés hors de l'Écriture, que tuer un tyran *titulo vel exercitio* n'est pas un meurtre. *Lugduni*, 1658, in-16, demi-rel. v. antiq.

296. Considérations politiques sur les coups d'Estat, par Gabr. Naudé. *Sur la copie de Rome (à la Sphère)*, 1679, in-12, mar. r. fil. tr. dor. (*Hardy-Mennil.*)

297. Maximes des princes et Estats souverains. *Cologne (à la Sphère)*, 1665, in-12, mar. r. fil. tr. dor. (*Hardy-Mennil.*)

298. Traicté de la cour, ou Instructions des courtisans, par M. du Refuge. *Amsterdam*, 1656, in-12, mar. bl. fil. tr. dor. (*Hardy-Mennil.*)

Hauteur: 156 millim.

---

299. Le Comte de Gabalis, ou Entretiens sur les sciences secrètes. *Amsterdam, Jacques le Jeune (à la Sphère)*, 1671, in-12, mar. r. fil tr. dor.

Longue note écrite derrière le titre.

300. Les Admirables Secrets d'Albert le Grand. *A Lyon*, 1785, in-16, gravure, bas. tr. dor.

301. De la Transformation métalliqve, trois anciens tractez en rithme françoise asçavoir la Fontaine des amoureux de sciences : autheur, I. de la Fontaine. Les Remonstrances de nature a Lalchymiste errant, avec la response dudict Alchymiste, par J. de Meung. Ensemble un traité de son Roman de la rose concernant ledict art (etc.). *A Paris, chez Guillaume Guillard et Amaury Warancore, rue S. Jaques, à l'enseigne S.-Barbe*, 1561, pet. in-8, maroq. la Vall. jans. dent. int. tr. dor. (*Capé.*)

Reliure ancienne avec armoiries.

---

302. Leçons élémentaires d'histoire naturelle à l'usage des jeunes gens, par le P. Cotte, prêtre de l'Oratoire. *A Paris, chez J. Barbou,* 1787, in-12, mar. rouge, fil. tr. dor.

Manuscrit du dix-septième siècle orné de figures gravées.

303. Essai sur la manière la plus avantageuse de construire les machines hydrauliques et en particulier les moulins à bled, par M. Fabre. *A Paris, Alex. Jombert,* 1783, in-4, v. fauve, fil. tr. dor.

304. Sporting Scenes and country Characters by Martingale with numerous illustrations on wood. *London,* 1840, in-12 carré, cart. angl.

305. L'Art de trancher la viande et toutes sortes de fruits, à la mode italienne et nouvellement à la françoise, par Jacques Voutek, escuyer tranchant. In-4, cartonné.

Manuscrit du XVIIIe siècle orné de figures gravées.

---

306. Le Cabinet de l'amateur et de l'antiquaire, par E. Piot. *Paris,* 1842-1846, 4 vol. in-8, demi-rel. maroq. bleu avec coins, tr. peign. (*Gaillard.*)

307. Catalogues de Ventes d'estampes. Ens. 4 vol. in-8, cart. et br.

308. Les Chefs-d'oeuvre de la peinture italienne, par Paul Mantz, ouvrage contenant vingt planches chromolithogr. par Kellerhoven. *Paris, Didot,* 1870, gr. in-fol. cart. n. rogn.

Exemplaire sur papier à la forme, édition tirée à 270 exemplaires.

309. Ornements des manuscrits du VIIIe au XVIe siècle, reproduits en couleurs par B.-Charles Mathieu. *Paris, A. Morel, éditeur,* in-12 carré de 151 pages, monté sur onglets, avec un volume de texte explicatif, maroq. brun, dos orné, dent. et fil. à comp. sur les plats, doublé de moire bleue avec dentelle, tr. dor. (*Belz-Niedrée.*)

Le texte explicatif est en demi-reliure maroq. brun plats toile, tr. dor.

310. Album du salon de 1842, collection des principaux ouvrages exposés au Louvre, reproduits par les peintres eux-mêmes, texte par Wilhelm Ténint. *Paris*, 1842, in-4, lithographies, demi-rel. v. rouge.

311. Ori Apollinis de sacris notis et sculpturis libri II. *Parisiis, Kerver*, 1551, pet. in-8, cart. *figures sur bois.*

312. Emblematum Alciati libri II. *Antuerpiæ*, 1566, in-16, mar. rouge, fil. tr. dor. (*Hardy*.)

Jolies figures sur bois.

313. Pia Desideria, auth. Hermanno Hugo. *Antuerpiæ*, 1645, in-16, mar. r. fil. tr. dor.

Figures sur cuivre très-finement gravées.

314. Les Lorettes, par Gavarni. — Les Bons Bourgeois, par H. Daumier. — Charges parisiennes et Caricatures diverses. *Paris, Aubert, s. d.* 81 lithographies coloriées réunies en 1 vol. in-4, demi-rel. maroq. rouge, tr. dor.

315. Les Bals de Paris, 19 lithographies en couleurs. — Nos Jolies Parisiennes, album, par Edouard de Beaumont, 30 lithographies en couleurs. — Messieurs Nos Fils et Mesdemoiselles Nos Filles, par Randon, 21 lithographies en couleurs. — Caricatures par divers artistes (H. Daumier, Cham), 21 lithographies en couleurs. — Souvenirs charivariques de Spa, par Cham, 14 lithographies en couleurs. — Soirées parisiennes, 12 lithographies en couleurs dessinées par H. de Montaut. Ens. 6 albums in-4, cart.

316. Paris qui s'en va, 25 eaux-fortes, par Léopold Flameng, texte par Alfred Delvau, Th. Gautier, Arsène Houssaye, etc. *Paris, J. Taride, s. d.*, in-fol. en ff. dans un carton.

317. Suite de 24 vignettes pour les œuvres de Gil-Blas, gravures anglaises de R. Smirke.

318. Architecture romane du midi de la France, par Henri Revoil. *Paris, Ve Morel et Ce*, 1874, 3 vol. in-fol. figures dans des cartons.

319. Monuments anciens et modernes, collection formant une histoire de l'architecture des différents peuples à toutes les époques, publiée par Jules Gailhabaud, *Paris, Firm.-Didot*, 1870, 4 vol. in-4, planches demi-rel. maroq. rouge, tête dor. n. rog.

320. Excursions daguerriennes, vues et monuments les plus remarquables du globe. *Paris*, 1842, 2 vol. in-4 obl. gravures, demi-rel. chagr. rouge, fil. n. rog.

France. — Algérie. — Sainte-Hélène. — Allemagne. — Amérique. — Angleterre. — Egypte. — Espagne. — Grèce. — Italie. — Nubie — Palestine. — Russie. — Sardaigne. — Savoie. — Suède. — Suisse. — Syrie.

321. Chefs-d'œuvre des arts industriels, par Philippe Burty. *Paris, P. Ducrocq, s. d.*, deux cents gravures sur bois, demi-rel. maroq. fleurons, tête dor. n. rog. (*Amand.*)

322. La Cassette de saint Louis, roi de France, donnée par Philippe le Bel à l'abbaye du Lis, reproduction par Edouard Ganneron. *Paris, Claye*, 1855, in-fol. drel.

Figures en couleurs.

323. Les Arts décoratifs à toutes les époques, par Édouard Lièvre. *Paris, Morel*, 1872, 2 vol. gr. in-fol. cartonnés, figures.

324. Anacreontis Odæ, gr. *Glasguæ, Foulis*, 1751, pet. in-16, mar. r. fil. tr. dor.

325. Quinti Horatii Flacci Poemata, commentariis illustrata a J. Bond. *Amstelodami, apud Danielem Elzevirium*, 1676, in-12, front. gravé, maroq. rouge, jans. dent. int. tr. dor. (*Thompson.*)

Raccommodage à la page 232. Exemplaire grand de marges.

326. Quinti Horatii Flacci Opera. *Parisiis, e Typographia regia*, 1733, in-16, maroq. noir, tr. dor. (*Anc. reliure.*)

Exemplaire L. Pasquier.

327. Le Grand Olympe des hystoires poétiques du prince de poésie Ovide Naso, trad. de latin en français et imprimé à Paris, 1538, pet. in-8, goth. fig. sur bois, mar. r. fil. tr. dor. (*Capé.*)

Exemplaire Yemeniz. Court de marges.

328. Ovide. Du Remède d'amours. (*Paris, Verard*, 1500), in-folio, gothique, maroquin rouge, fil. tr. dor. (*Lortic.*)

Exemplaire du marquis de la Cort'na. Cassures aux deux premiers feuillets. Le feuillet de la souscription manque.

329. Lucrèce, traduction nouvelle avec des notes, par. M. L. G. (Lagrange, revue par Naigeon). *A Paris, chez Bleuet*, 1768, 2 vol. in-12, fig. de H. Gravelot, v. éc. fil. tr. dor.

---

330. Les Flevrs dv bien dire, première partie, recueillies ès cabinets des plus rares esprits de ce temps, pour exprimer les passions amoureuses, tant de l'vn comme de l'autre sexe. — Les Marguerites françoises, ou seconde partie des Flevrs dv bien dire, par Franc. Desrves, Constançois. — Les Margverites des lievx commvns et excellentes sentences avec plusieurs comparaisons et similitudes sur une partie d'icelles, auxquels sont com-

prins les beaux traicts dont on peut user en amour et en autres discours. *A Lyon, par Jean Huguetan,* 1625, in-12, mar. rouge, dent. int. tr. dor. (*Bauzonnet-Trautz.*)

Exemplaire YEMENIZ.

331. Livre d'amour, ou Folastreries du vieux temps. *A Paris, chez L. Janet,* in-12, frontispice et 6 gravures, peint par Auguste Garnerey, v. dent. tr. dor.

332. Les OEuvres françoises de Joachim du Bellay, gentilhomme angevin. *A Rouen, chez la veuve Thomas Mallard,* 1597, fort vol. in-12, parch. 528 ff.

Exemplaire portant la signature de Sainte-Beuve sur le titre.

333. OEuvres de Roger de Collerye, nouvelle édition, avec une préface et des notes, par M. Ch. d'Héricault. *Paris, P. Jannet,* 1852, in-12, demi-rel. maroq. rouge avec coins, dos orné, fil. tr. dor. n. rog. (*Cuzin.*)

Exemplaire sur PAPIER DE CHINE.

334. Les OEvvres poétiques de Remy Belleav. *A Lyon,* 1592, 2 tomes en 1 vol. in-12, parch. gauf.

335. Les Satyres et autres OEuvres dv sievr Regnier. *A Leiden, chez Jean et Daniel Elzevier,* 1652, pet. in-12, maroq. rouge, à comp. dos orné, dent. int. tr. dor. (*Reliure moderne anglaise.*)

Hauteur: 120 millim.
Exemplaire ayant quelques taches.

336. OEuvres de Mathurin Regnier, avec les commentaires, publiées par M. Viollet-le-Duc. *Paris, Th. Desoer,* 1822, in-16, demi-rel. v. rose, n. rog.

337. OEuvres choisies de Malherbe, avec des notes de tous les commentateurs, édition publiée par L. Parelle. *Paris, Lefèvre,* 1825, 2 vol. in-8, br.

338. Les OEuvres de Théophile, divisées en trois parties. *A Paris, chez la veuve Edme Pepingué*, 1656, in-12, maroq. bleu, dos orné, fil. dent. int. tr. dor. (*Hardy*.)

339. Nouveau Recueil de divers rondeaux. *Paris, chez Augustin Courbé*, 1650, 2 parties en 1 vol. in-12, frontispice, maroq. rouge, fil. dent. int. tr. dor. (*Lortic*.)

Exemplaire P. Desq.

340. Fables de la Fontaine, illustrations par Grandville. *Paris, Garnier*, 1868, gr. in-8, demi-rel. chagr. rouge, plats toiles, tr. dor.

341. OEuvres de Boileau-Despréaux, avec les commentaires. *Paris, Th. Desoer*, 1821, 4 vol. in-16, portrait de Boileau gravé sur acier par Hopwood, demi-rel. v. rouge, fil. n. rogn.

342. Contes nouveaux, en vers (par Saint-Glas). *Paris, Augustin Besoigne*, 1672, pet. in-12, mar. orange, fil. tr. dor. (*Hardy-Mennil*.)

343. Fables nouvelles, dédiées au roy, par M. de la Motte, de l'Académie françoise, avec un discours sur la fable. *A Paris, chez Grégoire Dupuis*, 1719, in-4, front. de Coypel et figures gravées par Tardieu, B. Picart et Simoneau, v. brun.

Bel exemplaire.

344. Contes et Nouvelles en vers, par Voltaire, Vergier, Sénecé, Perrault, Moncrif et Ducerceau. *Paris, Leclère fils*, 1862, 2 vol. in-12, vignettes gravées, demi-rel. maroq. rouge avec coins, tête dor. n. rog.

Tirée à 100 exemplaires.

345. Les Orientales, par Victor Hugo. *Paris, Ch. Gosselin et Hector Bossange*, 1829, in-12, gravure sur chine, maroq. vert, dos orné, ornements à mosaïque, dent. int. tr. dor. (*Amand*.)

346. Le Pétrarqve en rime françoise, avecq ses commentaires, traduict par Philippe de Maldeghem, seigneur de Leyschot. *A Brvxelles, chez Rutger Velpius, imprimeur iuré*, 1600, petit in-8 de 559 pages, bas. dent. tr. dor.

---

347. Théatre de Jean Racine, trésorier de France, l'un des quarante de l'Académie française, orné de vignettes gravées à l'eau-forte sur les dessins d'Ernest Hillemacher par Frédéric Hillemacher. *Paris, Jouaust*, 1873-1874, 4 vol. gr. in-8, br.

Exemplaire en grand papier de Hollande.

348. Théâtre lyonnais de Guignol (2me série). *Lyon, N. Scheuring*, 1870, gr. in-8, maroq. rouge, dos orné, fil. dent. int. tête dor. n. rog. (*Chambolle-Duru.*)

349. L'Aminte du Tasse, pastorale, traduite de l'italien en vers françois. *Paris, Cl. Barbin*, 1676, in-12, mar. r. fil. tr. dor. (*Capé.*)

Jolie édition, ornée de gravures.

350. Il Pastor fido del sign. cavalier Battista Guarini. *In Amsterdam*, 1662, in-16, figures, mar. bl. fil. tr. dor. non rogné.

351. Histoire anecdotique du théâtre, de la littérature et de diverses impressions contemporaines, par Ch. Maurice. *Paris, H. Plon*, 1856, 2 vol. in-8, br.

---

352. Les OEuvres de M. François Rabelais. *S. l.* (*la Sphère*), 1663, 2 vol. in-12, maroq. rouge, dos orné, fil. dent. int. tr. dor. (*Brany.*)

Haut., 125 millim.

353. OEuvres de Rabelais. *A Paris, Th. Desoer*, 1820, 3 vol. in-16, papier vélin, figures, v. fauve, fil. à comp. dent. int. tête dor. n. rog. (*Closs.*)

Bel exemplaire.

354. OEuvres de Rabelais, édition variorum. *Paris, Dalibon*, 1823, 9 vol. in-8, portrait et gravures de Devéria, demi-rel. maroq. fauve.

355. Histoire merveilleuse et notable de trois excellens et tres renommez filz de roys à sçauoir de France, d'Angleterre et d'Ecosse, qui firent estans ieunes de grãdes prouesses, et obtindrẽt victoires signalées, pour la manutention et défence de la foy chrestienne, au secours du roy de Sicile. *A Lyon, par Benoist Rigaud*, 1579, in-8, v. fauve, antiq. fil. tr. marbr.

356. L'Ingénieux Chevalier don Quixote de la Manche. *Paris, Th. Desoer*, 1821, 4 vol. in-16, papier vélin, titres gravés avec vignettes, carte, demi-rel. v. viol. n. rog.

357. Bernardin de Saint-Pierre. — Paul et Virginie, précédé d'une préface, par Jules Janin. *Paris, D. Jouaust*, 1869, gr. in-8, titre bleu et or, figures hors texte gravées à l'eau-forte par V. Foulquier et tirées sur chine, demi-rel. maroq. bleu avec coins, fil. dos orné, tête dor. n. rog. (*Cuzin.*)

358. Bélisaire, par M. Marmontel, de l'Académie françoise. *Paris, Merlin*, 1767, in-8, front. et figures de Gravelot, v. écail. fil. tr. marbr.

---

359. Des. Erasmi Roterod. Colloquia nunc emendatiora. *Lugd. Batavorum, ex officina Elzeviriana*, 1643, in-12, titre front. gr. v. antiq.

360. OEuvres complètes de Tabarin, publiées par Gustave Aventin. *Paris, P. Jannet*, 1858, 2 vol. in-12, cart. percal. n. rog.

361. Le Facecieux Reveille-matin des esprits melancholiques, ou le Remède preservatif contre les tristes. *A Utrecht, chez Gisbert de Zyll*, 1662, in-12, maroq. rouge, fil. tr. dor. (*Koehler.*)

Exemplaire YEMENIZ.

362. Les Étrennes de la Saint-Jean (par le comte de Maurepas, le président de Montesquieu, le comte de Caylus, Moncrif, Crébillon fils, Sallé, la Chaussée, Duclos, d'Armenonville et l'abbé de Voisenon). *Troyes, chez la veuve Oudot*, in-12, v. fauve, antiq. fil. tr. dor.

---

363. LES VIES DES HOMMES ILLUSTRES, grecs et romains, comparées l'une avec l'autre par Plutarque de Chæronée (traduites par Jacques Amyot). 6 vol. — Les OEuvres morales et meslées de Plutarque, translatées de grec en françois, 7 vol. *Paris, par Vascosan, imprimeur du roy*, 1567-1574. — Ens. 13 vol. in-8, maroq. rouge, fil. à comp. tr. dor. (*Anc. reliure bien conservée.*)

Exemplaire réglé; quelques notes marginales.
A la suite du tome VI des Vies, sont les vies de Hannibal et Scipion l'Africain, traduites par Ch. de l'Écluse, 150 pages.
Au tome III des œuvres, raccommodage au titre.
Le tome VII (la table) n'a pas de titre.

364. Lucien, de la traduction de N. Perrot s[r] d'Ablancourt. *A Amsterdam, chez Abraham Wolfgang*, 1683, 2 vol. in-12, frontispice, maroq. vert, dent. tr. dor. (*Bradel.*)

Au tome Ier, à la page 203, se trouve une forte cassure ayant été déjà raccommodée.

365. CICERONIS OPERA. *Lugd. Batavorum, ex officina Elzeviriana*, 1642, 10 vol. in-12, maroq. bleu, (dos orné mosaïq. dent. doublé de tabis rose, tr. dor. *Reliure de Bozérian.*)

Hauteur : 132 millim. 1/2. Le tome VI a 134 millim.

366. OEuvres de Salomon Gessner. *Paris, Ant.-Aug. Renouard*, 1799, 4 vol. in-8, portrait, gravures de Moreau le jeune, v. rac. dent. tr. dor.

367. Variétés historiques et littéraires, recueil de pièces volantes rares et curieures en prose et en

vers, revues et annotées par M. Édouard Fournier. *Paris*, *P. Jannet*, 1855, 10 vol. in-12, demi-rel. maroq. brun, tête dor. n. rog.

HISTOIRE.

368. Discours sur l'histoire universelle à Monseigneur le Dauphin, par Messire Jacques-Bénigne Bossuet, évesque de Condom. *A Paris, chez Sébastien Mabre-Cramoisy*, 1681, in-4, v. antiq. marbr.

Édition originale.

369. Bossuet. — Discours sur l'histoire universelle, Oraisons funèbres. *Paris*, *Furne*, 1853, in-8, br. portrait.

370. Antiquité géographique de l'Inde et de plusieurs autres contrées de la haute Asie, par M. d'Anville. *A Paris, de l'Imprimerie royale*, 1775, in-4, cartes, cuir de Russie, fil. dos orné, tr. dor. (*Reliure moderne.*)

371. Essai sur l'histoire chronologique de plus de 80 peuples de l'antiquité, composé pour l'éducation de Mgr le Dauphin, par M. de Laborde. *Paris*, *de l'impr. de Fr.-Ambr. Didot l'aîné*, 1788, 2 vol. in-4, maroq. rouge, dent. à comp. doublé de tabis bleu, tr. dor. (*Anc. rel.*)

Exemplaire en grand PAPIER VÉLIN.

372. Les Commentaires de César, de la traduction de N. Perrot, sieur d'Ablancourt. *A Rouen, et se vendent à Paris, chez Thomas Jolly*, 1665, in-12, front. gr. v. brun.

373. Q. Curtii Rvfi historiarum Libri. *Amstelodami, ex officina Elzeviriana*, 1670, in-16, front. gravé, cart. vél.

Taches et raccommodages, exemplaire non rogné.

374. Valère le Grand, hystoriographe tres illustre, translaté de latin en françoys. *On les vend à Paris, par Philippe Le Noir, s. d.*, pet. in-fol. gothique, à 2 col. v. tr. dor.

Exemplaire grand de marges et réglé. La gravure qui entoure le titre est très-singulière.

375. Les Mœurs des Israélites, par Fleury. *Paris, Clousier*, 1683, in-12, mar. r. tr. dor. (*Chambolle-Duru.*)

Seconde édition.

376. Collection dite des petites Républiques. *Leyde, Elzevir,* 1626-1640, 49 vol. in-16, mar. tr. dor. (*Anc. rel.*)

Quatre volumes sont reliés en v. ou en vélin.

---

377. Le Cabinet dv Roy de France, dans leqvel il y a trois perles précieuses d'inestimable valeur, par le moyen desquelles Sa Majesté s'en va le premier monarque du monde et ses sujets du tout soulagez. *S. l.*, 1682, in-8, v. antiq.

378. Les Galanteries des rois de France. *Cologne, chez Pierre Marteau, s. d.*, 3 vol. in-12, mar. v. fil. tr. dor. (*Hardy-Mennil.*)

Jolie édition ornée de figures.

379. Satyre Ménippée, de la vertu du catholicon d'Espagne et de la tenue des estats de Paris. *A Ratisbonne, chez Mathias Kerner* (*à la Sphère*), 1664, pet. in-12, mar. r. dos et plats ornés, doublé de maroquin rouge, large dentelle, tr. dor. (*Hardy.*)

Bel exemplaire avec les trois planches. (Hauteur : 129 millim.)

380. Mémoires de monsieur de Montrésor; diverses pièces durant le ministère du cardinal de Richelieu; relation de monsieur de Fontrailles. *A Leyde, (la Sphère), chez Jean Sambix,* 1667-1665, 2 vol. in-12, maroq. rouge, fil. tr. dor. (*Reliure ancienne.*)

Hauteur : 131 millim.

381. Mémoires du duc de la Rochefoucauld. *Paris, Aug. Renouard,* 1817, in-12, mar. bl. fil. tr. dor. (*Fixon.*)

Bel exemplaire en grand papier vélin, avec les portraits gravés par Saint-Aubin.

382. Traitté de la politique de France. *Utrecht, Pierre Elzevier (à la Sphère),* 1670, in-12, maroquin rouge, fil. tr. dor. (*Hardy-Mennil.*)

383. Mémoires et Correspondance de la marquise de Courcelles, publiés d'après les manuscrits par M. Paul Pougin. *Paris, P. Jannet,* 1855, in-12, demi-rel. cuir de Russie, tête dor. n. rog.

384. Mémoires de la marquise de Courcelles, née Marie-Sidonia de Lénoncourt, et sa Correspondance, précédés d'une histoire de sa vie et de son procès. *Paris, Académie des bibliophiles,* 1869, in-8, br.

385. Description des festes données par la ville de Paris, à l'occasion du mariage de madame Louise-Elisabeth de France et de dom Philippe, infant et grand amiral d'Espagne, les vingt-neuvième et trentième août mil sept cent trente neuf. *A Paris,* 1740, gr. in-fol. 13 planches montées sur onglets, dessinées et gravées par J.-F. Blondel, maroq. rouge, dos et dent. fleurdelisés, tr. dor.

Bel exemplaire dans son ancienne reliure avec les armes de la ville de Paris sur les plats.

386. Almanach des finances pour l'année 1755. *A Paris, chez Laurent Prault,* 1755, in-12, v. antiq.

387. Almanach des diligences. 1787. — Petites Etrennes historiques, ou le Bon Instituteur. 1810. — Almanach des commerçans. 1768. — Almanach de la cour pour l'année 1791. — Atlas ecclésiastique. 1783. — Almanach encyclopédique de l'histoire de France. 1772. — Calendrier historique des faits principaux arrivés en France et dans les pays étrangers pendant l'année 1764. — Ens. 7 vol. in-12 et in-16, br.

388. Correspondance intime de l'armée d'Égypte, interceptée par la croisière anglaise; introduction et notes par Lorédan Larchey. *Paris, R. Pincebourde,* 1868, in-12, br. avec trois épreuves différentes de l'eau-forte.

Un des deux exemplaires sur PEAU DE VÉLIN.

389. Relation de la fête du roi, des grandes revues et des deux voyages de Sa Majesté dans l'intérieur du royaume, en mai, juin et juillet 1831. *Paris,* 1831, in-8, v. fauve, fil. à comp. tr. marbr. (*Simier.*)

390. Tableau historique et pittoresque de Paris, depuis les Gaulois jusqu'à nos jours, par M. (Saint-Victor). *Paris,* 1808, 3 vol. in-4, gravures, demi-rel. v. antiq. n. rog.

391. Paris-Guide, par les principaux écrivains et artistes de la France. — Première partie : la Science, l'Art. — Deuxième partie : la Vie. *Paris, A. Lacroix,* 1867, 2 forts vol. gravures hors texte avec cartes, demi-rel. maroq. rouge avec coins, dos orné, fil. tête dor. n. rog. (*Capé, Masson et Debonnelle.*)

Exemplaire sur PAPIER DE CHINE.
Au tome II, page 1013, se trouve une forte déchirure dans le texte.

392. Alfred Delvau. — Au Bord de la Bièvre. *Paris, René Pincebourde,* 1873, in-12, br.

393. L'Hôtel des commissaires-priseurs, par Champfleury. *Paris, E. Dentu,* 1867, in-12, br.

394. Algérie historique, pittoresque et monumentale, ou Recueil de vues, costumes et portraits faits d'après nature dans les provinces d'Alger, Bone, Constantine et Oran, par Bour, Ol. Bro, Al. Genet, E. Flandrin, Philippoteaux, Raffet, etc., avec texte descriptif par M. Berbrugger. *Paris, J. Delahaye*, 1843, 3 vol. gr. in-fol. lithographies teintées, demi-rel. v. rouge.

---

395. Saxoniæ ducum a Frederico I Imagines. *Augustæ Vindel.*, 1601, in-fol. cart. (*Portrait.*)

396. Delle Corone de' prencipi christiani di D. Michel Lonigo da esto libro primo nel quale si descriuono gl' arbori delle regal case di Francia, Navarra, Napoli, Sicilia, etc. *In Roma*, 1601, 62 planches. — Cronica breve de' fatti illustri de gli imperatori di casa d'Austria. *In Venetia*, 1598, 11 planches. — Cronica breve de' fatti illustri de gli imperatori de' Turchi. *In Venetia*, 1598, 15 planches. — Ens. 3 parties en 1 vol. in-fol. demi-rel. vél.

397. Histoire du ministère du chevalier Robert Walpole, devenu ministre d'Angleterre et comte d'Oxford. *A Amsterdam, chez Marc-Michel Rey*, 1764, 3 vol. in-12, maroq. vert, fil. tr. dor.

Reliure ancienne aux armes de la duchesse de GRAMMONT-CHOISEUL.

398. La Clef du blason, ouvrage élémentaire, avec figures d'après la méthode du père Menestrier, par D. Quesneville. *Paris, Dumoulin*, 1857, br. in-8 de 52 pages.

398 *bis*. Les Antiquités de Pompéi et d'Herculanum. *Paris, Didot, s. d.*, 8 vol. gr. in-8 cart. n. rogn.

BIBLIOGRAPHIE.

399. Bibliographie des ouvrages relatifs à l'amour, aux femmes, au mariage, etc. *Paris, J. Gay*, 1864, in-8, demi-rel. maroq. vert, fleurons, fil. tête dor. n. rog.

400. Catalogues de livres sur la numismatique. Ens. 7 vol. in-8, br. et cart.

Catalogue de feu M. Norblin, le baron Behr. Collection Dassy, etc.

401. Catalogue de la bibliothèque cynégétique de M. le baron Grandjean d'Alteville. 1862. — Catalogue de M. Aerts de Metz. 1864. — Catalogue Francisque Michel. 1858. — Ens. 3 vol. in-8, reliés.

Avec les prix d'adjudication manuscrits.

402. Catalogue de la bibliothèque de feu M. le marquis Le Ver. *Paris, Bachelin-Deflorenne*, 1866, gr. in-8, demi-rel. v. fauve, n. rog.

Exemplaire avec les prix d'ajudication et les noms des acquéreurs.

403. Catalogue de la bibliothèque de M. le comte de Corbière. 1869. — Victor Foucher. 1866. — Marquis Le Ver. 1867. — Ens. 3 vol. in-8, reliés.

Exemplaires interfoliés avec les prix d'adjudication.

404. Catalogue de la bibliothèque de G. Gancia. *Paris, Bachelin-Deflorenne*, 1868, in-8, demi-rel. v. fauve.

Exemplaire interfolié avec les prix d'adjudication.

405. Catalogue de la bibliothèque illustrée de M. F. Garde. 1869, 2 parties in-8 et in-12, reliées.

Exemplaires interfoliés et avec les prix d'adjudication manuscrits.

406. Catalogues divers de livres rares et précieux. *Paris*, 1865-1875, ens. 23 vol. in-8, rel. et cart.

Catalogue de MM. H. de Cessole, Arm. Baschet, B^on Ch. de Vezé, le comte Kalnoky, Henri Arthur, de Perrier, B. Hase, Favart, etc.
Tous ces exemplaires ont la plupart les prix d'adjudication manuscrits.

407. Catalogues divers de livres rares et précieux, quelques-uns en grand papier. *Paris*, 1866-1875, ens. 70 vol. ou br. in-8.

Catalogues de MM. Gancia, Morel, Lemaire, Lescoet, Moquin-Tandon, de la Villestreux, marq. de Morante, Potier, Emile Gautier, Burgaud des Marets, Soleil, Le Roux de Lincy, Am. Rigaud, sir Tufton, Payen, etc.
Presques tous avec prix d'adjudication manuscrits.

408. Catalogue de la bibliothèque de M. Van der Helle. *Paris, Bachelin-Deflorenne*, 1868, demi-rel. v. fauve.

Exemplaire interfolié avec les prix d'adjudication.

409. Catalogue des livres rares et précieux, manuscrits et imprimés, faisant partie de la librairie de L. Potier. *Paris*, *Adolphe Labitte,* 1870-1872, 2 vol. in-8, br.

Exemplaire en grand papier avec les prix d'adjudication.

410. Catalogue de la bibliothèque de feu M. Benzon. *Paris*, *Bachelin-Deflorenne,* 1875, in-4, br.

Exemplaire en GRAND PAPIER VÉLIN.

411. Catalogue des livres composant la bibliothèque de feu M. L.-J. S. E., marquis de Laborde (première et deuxième partie). — Catalogue Ruggieri (exemplaire en grand papier). — Catalogue de feu M. L. Curmer (exemplaire en grand papier). — Catalogue de feu M. L. Pasquier (première et deuxième partie, en grand papier). — Catalogue de feu M. Jules Taschereau (exemplaire en grand papier). *Paris, Adolphe Labitte,* 1871-1875, ens. 7 vol. in-8, br.

Tous ces catalogues ont les prix d'adjudication manuscrits.

FIN.

Paris. — Typ. G. Chamerot, rue des Saints-Pères, 19.

www.ingramcontent.com/pod-product-compliance
Ingram Content Group UK Ltd.
Pitfield, Milton Keynes, MK11 3LW, UK
UKHW022125170726
13837UKWH00003B/1360

9 782329 537146